생초보 문과생도 알 수 있는
AI시대 직장인 생존법

생초보 문과생도 알 수 있는
AI시대 직장인 생존법

초판 1쇄 발행 2023년 11월 20일

글쓴이   전승민

편집   임은경
디자인   이승용

펴낸곳   (주)동아엠앤비
출판등록 2014년 3월 28일(제25100-2014-000025호)
주소   (03972) 서울특별시 마포구 월드컵북로 22길 21, 2층
홈페이지 www.dongamnb.com
전화   (편집) 02-392-6901 (마케팅) 02-392-6900
팩스   02-392-6902
이메일   damnb0401@naver.com
SNS   📘 📷 🅱

ISBN 979-11-6363-748-6 (03320)

생초보 문과생도 알 수 있는

AI시대
직장인
생존법

전승민 지음

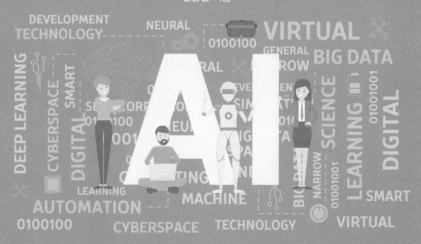

동아엠앤비

과거를 쥐고
미래를 살아야 하는
세대에게

명함에 '과학기술 분야 전문기자'라고 적고 다닌 지 어느덧 20년의 시간이 흘러갔다. 국내 과학기술계 현장을 찾아가 취재하고, 그 소식을 뉴스로 전하는 일이 필자의 주된 업무였다. 이 과정에서 많은 과학기술인을 만나 보고 가르침을 얻을 기회가 자주 있었다. 누구보다 앞서 미래를 만드는 일, 그 가장 앞에 서 있는 분들임에 틀림없다.

이런 분들과 많은 이야기를 나누다 보니 한 가지 결론을 얻을 수 있게 되었는데, 이는 미래가 결코 상상 속에 있지 않다는 사실이었다. 미래는 현재의 연장선에 있으며, 과거로부터 현재로 이어져 온

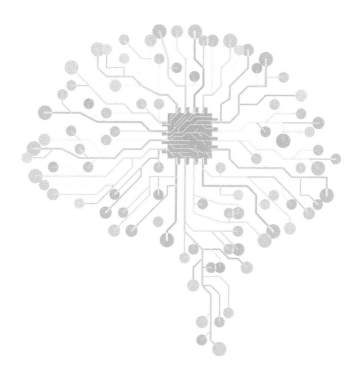

인류 지식의 축적에 따라 결정되는 필연적 결과라는 느낌을 받을 때가 많았다. 우리 한 사람, 개개인의 미래는 정해져 있지 않지만, 과학기술의 발전에 따라 이뤄지는 문명의 변화는 어느 정도 예측과 대비를 할 수 있다는 뜻이다.

4차 산업혁명 시대라고 한다. 인공지능(AI)을 기반으로 우리의 삶은 지금까지 수백 년간 쌓아온 변화를 넘어서는 근본적 개혁을 겪을 것이 자명하다는 것이 중론이다.

새로운 시대에 대비하기 위해 교육 현장은 분주히 움직이고 있다는 사실이 느껴진다. 세미나도 활발하고, 새 시대에 맞는 지식을 학생들에게 전해주기 위한 강연 신청도 자주 받는다. 그런데 조금 아쉬운 것은, 막상 미래를 자신의 손으로 개척해 나가야 할 직업인들은 학생들만큼 시대 변화에 적극적으로 대응하지 않고 있다는 인식을 받을 때가 있다. 40대 이후 직장인이라면 시대 변화에 따라 조용히 사라지는 길을 택하는 것도 나쁘지 않을 것이다. 굳이 애써 변화하기보다, 지금까지 쌓아온 경험 중 새 시대에 적합한 것을 후대에 물려주는 길을 선택하는 것 역시 미래를 대비하는 한 방법이다.

문제는 앞으로 수십 년 이상 시대 변화와 힘겹게 싸워나가야 할 이 시대의 20~30대 직장인들이다. 3차 산업혁명 시대의 황금기에 태어나 컴퓨터와 인터넷을 누리며 자라난 세대, 그들은 3차 산업혁명의 지식을 붙들고 4차 산업혁명 시대를 싸워나가야 하는 가장 절박한 처지에 놓여 있다. '어린이와 청소년에게는 미래에 대비하는 길을 거리낌 없이 제시하는 사람은 쉽게 찾아볼 수 있지만 시대의 변화, 그 틈에서 혼란을 겪는 젊은 직장인들의 미래를 걱정해 주는 사람은 찾기 어려운 것이 현실이다.

그런 사회 초년생들에게, 특히 이공계 지식이 풍부하지 못한 인문사회계열을 전공한 사회 초년생과 직장인들에게 미래를 대비하기 위한 최소한의 길을 제시하고 싶은 마음에 적어 나가기 시작했다. 먼저 새 시대에 맞는 4차 산업혁명과 AI, 로봇 기술 등에 대한 기본적인 정보를 최대한 알기 쉽게 담기 위해 애썼다. 또 거기에 맞춰 젊은 직장인들이 어떤 마음을 가지고 미래에 대비해야 하는지,

자신을 스스로 단련해 나갈 최소한의 길을 제시하기 위해 많은 고민과 정보를 담기 위해 노력했다.

미래를 이야기할 때는 가능한 예측 가능한 현실적 부분을 근거로 삼았으며, 불확실한 미래, 무엇보다 공상이나 허구의 정보, 허황되고 헛된 희망만으로 가득한 정보는 배제하기 위해 노력했다. 과학 기술과 관련된 정보는 최대한 사실만을 담기 위해 애썼다.

시대가 변화하고 있다. 사회의 구성원 역시 변해야만 한다. 이는 곧 다가올 미래가 아니라 이미 진행 중인 현실이다. 이 한 권의 책이 새내기 직장인, 곧 사회생활을 시작할 대학생 등 젊은 미래 주역들에게 조그마한 희망이 되어 주길 간절히 기대한다.

2023년 늦가을 어느 날
전승민

덧붙이는 말: 이 책은 출간 후 호평을 받은 바 있는 『나는 AI와 일한다(위너스북)』의 개정 증보판에 해당한다. 또한 2018년 첫 발간 이후 줄곧 베스트셀러 자리를 지키고 있는 청소년용 도서 『인공지능과 4차 산업혁명의 미래』의 직장인 버전에 해당한다는 점도 알려둔다.

목차

③ AI 시대의 주역은 누구인가

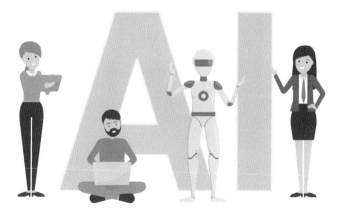

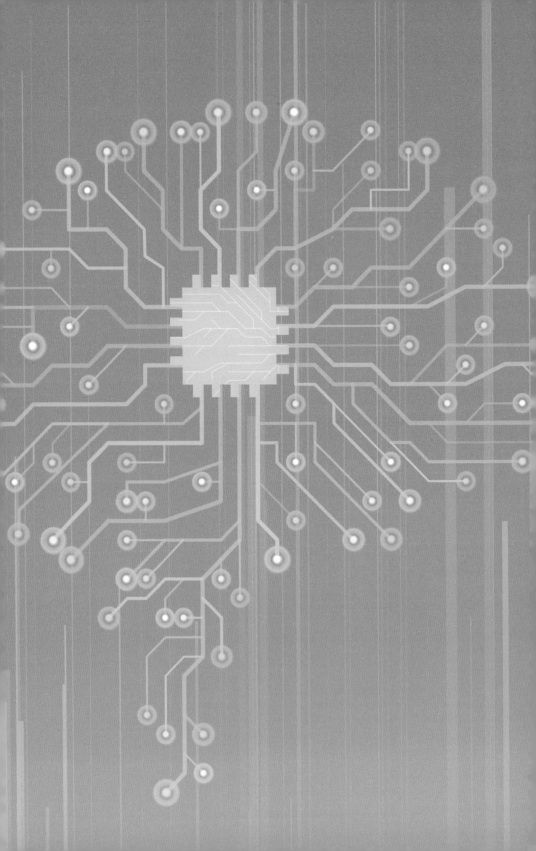

1

AI라
불리는 것의
정체

현대를 4차 산업혁명 시대라고 부른다. 4차 산업혁명 시대가 도래했으니 시대에 걸맞는 인재상이 요구된다는 이야기는 이미 식상하리만큼 자주 듣고 있다. 그런데 4차 산업혁명 시대란 도대체 무엇일까.

주위를 돌아보면 4차 산업혁명의 기본 의미를 명확히 이해하지 못한 채 우려만 큰 경우를 자주 볼 수 있다. 여전히 '실체가 없는 허구'라고 생각하거나, 컴퓨터 하는 사람들이 장사를 하기 위해 말을 지어냈다고 생각하는 경우도 왕왕 볼 수 있다. 심지어 이공계 분야 전문가들조차 이런 말을 공공연하게 하는 경우도 볼 수 있다. 하지만 세상은 명백하게 변하고 있다. 대다수의 전문가들이 정설로 받아들이고 있는 시대의 변화를 애써 거부하는 것은 바람직한 태도로 보기 어렵다. 새로운 시대에 알맞은 인재가 되기 위해선 새로운 시대에 대한 기본적인 이해를 다지는 것부터 시작할 필요가 있다.

주위에서 볼 수 있는 정보통신공학(ICT) 및 컴퓨터 전문가, 뇌과학 분야 석학 등 여러 분야의 전문가들에게 물어보면 10명 중 6~7명은 4차 산업혁명의 핵심은 누가 뭐라고 해도 '인공지능(AI)'을 서슴없이 꼽는다. 남은 3~4명은 변화의 핵심이 AI가 아니라 로봇, 통신, 생명과학 등을 꼽기도 하지만, 그들 역시 AI가 그에 못지않게 중요하다는 것에 이의를 제기하는 경우는 찾기 어렵다. 전문가들이 자신의 전공과목을 더 중시하는 경향이 있는 점을 고려하고 생각해보면, 4차 산업혁명의 근간은 'AI'라고 단정해서 생각해도 크게 틀리지 않을 것으로 보인다. 따라서 우리는 AI를 비롯해 새로운 시대에 주목받을 몇 가지 기술적인 사안을 반드시 이해해야 한다. 여기에 대한 이해가 선결되지 않으면 4차 산업혁명 시대, 즉 'AI 시대'에 걸맞은 사고방식을 기르는 것이 불가능하기 때문이다.

 ## 지금을 'AI 시대'라고 부르는 이유

AI에 대해 자세한 이야기를 하기에 앞서, AI가 어떻게 태어났는지 그 기술의 흐름을 짚어보자. 왜 하필 요즘을 '4차' 산업혁명 시대라고 부르는 것일까. AI와 4차 산업혁명이란 단어는 왜 항상 함께 등장할까. 지금이 4차 산업혁명 시대라면 1차와 2차, 3차 산업혁명도 있을 텐데, 각각의 산업혁명은 어떻게 달라지는 것일까. 이흐름을 이해하기 위해선 기술의 발전에 따른 필연적인 문명의 변화과정을 짚어볼 필요가 있다.

사실 AI의 기본적 원리는 매우 케케묵은 것이다. 수학적인 토대는 사실상 최초의 컴퓨터 개발과 동시대에 이뤄졌다고 보아도 무리가 없다. 인간과 같이 '생각하는 기계를 만들 수는 없을까'를 생각하다 보니 컴퓨터를 개발하고, AI를 만드는 학술적 방법 역시 연구하게 됐다고 보는 것이 타당하다. 세계 최초의 컴퓨터는 '애니악'으로 보는 경우가 많은데 1946년 개발됐다. AI, 즉 '생각하는 기계'대한 실질적 연구가 시작은 1943년을 원년으로 보는 경우가 많다. '신경 행동에서 내재적 사고의 논리적 계산(A Logical Calculus of the Ideas Immanent in Nervous Activity)'이라는 제목의 논문을 AI와 관련된 세계 최초의 논문으로 보기 때문이다.

AI를 'A.I'라는 단어를 사용해 지칭하고 본격적으로 연구하기 시작한 것은 1956년 열린 '다트머스 컨퍼런스'였다. 이때를 기준으로 AI 연구가 본격적으로 이뤄지기 시작했다고 여기는 사람이 많다. 사람의 뇌 신경을 전기신호로 흉내 내면, 종국에는 사람처럼 생각하지 않을까 생각하며 이론적으로 증명하려 했던 노력은 그때부터 시작된 것이다. 1950년대를 거치면서 이런 학문이 빠르게 발전하게 되는데, 마침내 컴퓨터 그 자체가 인간처럼 '학습'하게 만드는 이론도 등장하게 된다. 이런 이론들은 조금 수정이 있긴 하지만 현재도 새로운 AI를 개발할 때 여전히 쓰인다.

다만 실용화는 2000년대에 들어서 가능해졌다. 과거의 이론은 1970년대 이후 결국 벽에 부딪히고 말았는데, 당시 그만한 연산능력을 흉내 낼 컴퓨터가 세상에 존재하지 않았던 것이 첫 번째 이유이다. 두 번째는 사람의 뇌 구조를 완전히 알지 못하는 상태에서 그 구조를 흉내 내 사람처럼 '완전한 사고능력'을 가진 기계 장치를 만드는 일이 사실상 불가능하다는 것도 문제였다. 사람의 뇌 신경세 포는 1000억 개를 넘어간다는 학설이 주를 이루는데, 이런 신경망 의 복잡한 근본적인 연결 원리는 아직 인간의 지식 밖에 있다. 즉 수학적 증명을 통해 '더 뛰어난 AI 이론'을 개발하는 데 벽에 부딪 히자 학계의 관심에서 멀어진 것이다.

하지만 시간이 지나면서 사람들은 '과거에 개발했던 불완전한 이 론도 쓸모가 있다'는 사실을 깨닫기 시작했다. 그렇게 몇십 년이 흐 르는 사이, 컴퓨터의 성능이 이제야(사람만큼은 아니지만) 좀 쓸만하 게 AI를 가동해 볼 수 있을 정도로 발전한 것이다. 그러자 '제한적 인 조건' 안에서는 마침내 인간 이상의 역량을 보이는 경우가 속속 등장하기 시작한 것이 오늘날 주목받고 있는 AI의 정체다. 지금도 AI 기술은 계속 연구되고 있고, 새로운 AI를 혁명적으로 개발하려 는 노력도 있지만 과거 연구됐던 AI 이론을 어떻게 산업에 적용할 지, 그 응용 기술을 개발하는 방향에 초점이 맞춰져 있는 경우도 대 단히 많다.

AI도 종류가 있다

그런데 AI가 인간 이상의 실력을 발휘하기 위한 '제한적인 조건' 이란 어떤 것일까. AI는 할 수 있는 일이 정해져 있기라도 한 것이라는 말일까? 이 부분을 설명하기 위해선 AI의 종류를 이해할 필요가 있다.

AI란 글자 그대로 '사람이 만든 지능'을 말한다. 사람의 지능과 어떤 근본적 차이가 있기 마련이다. 사람의 지능은 어떤 점에서 특별할까. 다른 동물도 많은데 왜 하필 인간만이 압도적으로 우월한 지능을 가지고 있는지 그 이유가 있지 않을까.

인간이 가진 지능을 설명할 때 일반적인 언어로 정의할 수 있는 명확한 기준이 하나 있는데 그것은 바로 '자아(ego)'이다. 자기 자신이 존재를 스스로 인식하는 것이다. 나라는 사람이 세상에 살고 있고, 주위 사람들과의 관계를 이해하고 있으며, 따라서 사회 속에서 타인과 커뮤니케이션을 이루며 살아가는 것이 인간의 특징이다. 물론 일부 고등동물도 자아가 있는 것으로 확인되지만 이는 생존에 필요한 정도에 그치며 인간의 자아와 비교하면 대단히 그 인식이 희박하다.

반대로 인간은 고차원적인 자아를 갖고 있다. 자신의 존재에 의미를 부여하며 삶의 의미를 찾기 위해 애쓴다. 스스로 존재를 증명하려 하며, 또 타인에게 인정받고 싶어한다. 여기에 다른 어떤 동물도 갖지 못한 높은 지능이 합쳐지면서 인간은 특별한 존재로 남을 수 있게 됐다. 여담이지만 자살 등의 극단적인 방법을 선택하는 사람 중의 상당수는 스스로 삶의 의미, 즉 자신의 자아를 굳건히 하지 못하면서 생기는 일이 많다. 그만큼 인간을 이해하는 데 있어 자아란 대단히 중요한 키워드다.

　만약 AI가 인간만이 가진 특별한 사고능력을 갖추고 있다면, 즉 높은 수준의 자아를 가질 수 있다면 그 AI는 인간을 넘어서는 능력을 갖추게 된다. 이런 AI를 학술적인 용어로 '강한 인공지능(Strong A.I)', 줄여서 보통 강인공지능이라고 부른다. 반대로 유명한 '알파고(바둑용 AI)' 등과 같이 학습과 반응은 가능하지만 스스로 자아가 없는 경우를 '약한 인공지능(Weak A.I)', 줄여서 약인공지능이라고 부르고 있다.

　가끔 초인공지능(Super A.I)이라는 말도 쓰이는데, 이는 인간보다 뛰어난 사고능력을 가지고 있는 초월적 AI를 의미한다. 그러나 연산 속도나 기억 능력 등이 인간에 비해 압도적으로 높을 것으로 예상되는 인공의 기계 장치가 강인공지능을 갖게 된다면, 사실상 그 순간부터 AI는 인간보다 뛰어날 것이 자명하다. 따라서 강인공지능과 초인공지능을 애써 구분하지 않는 경우가 많다.

　물론 약인공지능도 스스로의 존재를 지칭하고 타인과 교류하는 것처럼 보일 수 있다. 예를 들어 스마트폰에 들어 있는 '시리'나 '빅스비' 등의 AI, 대화형 채팅 AI로 유명한 챗GPT 등은 스스로 자아가 있는 것처럼 말을 하고 사용자와 교류하는 것처럼 보인다. 이런 것은 가상의 자아를 설정한 다음 응답하도록 만들어진 것이다. 진짜 자아라기보다 행동 기준 정도로 이해해야 한다. 현재까지 인간 수준의 지능은 물론이거니와 어느 정도 기초적인 자아가 있다고 판단되는 동물, 예를 들어 개나 고양이, 돌고래, 유인원 등이 가진 동물 수준의 자아도 AI를 통해 구현한 사례는 단 한 건도 없다. 따라서 현시점에서 AI라 함은 무조건 약인공지능을 지칭한다고 이해하면 틀림이 없다.

강한 인공지능(Strong A.I)의 특징	약한 인공지능(Weak A.I)의 특징
• 높은 수준의 자아 • 사고능력 보유 • 명령이 없어도 스스로 동작 • 아직 현실에 존재하지 않음	• 자아가 없음 • 학습의 결과에 따른 판단이 가능 • 인간의 지시에 따라 동작 • 현대 AI의 특징

'몇 년만 있으면 강AI가 출현할 것'이라고 우려하는 사람들이 적지 않다. 그렇게 되면 인간에게 반항하고, 더 나아가 인간을 공격할 것이라고 생각하는 경우다. 우리에게는 '특이점이 온다'라는 저서로 알려져 있는 미래학자 '레이 커즈와일'은 미래를 희망적으로 보는 사람이지만 강AI는 출현할 것이라고 생각하는데 그 시점을 2045년으로 예측한 바 있다.

레이 커즈와일은 문서 판독기, 광학문자 인식기(OCR), 음성 인식기, 평판 스캐너, 문서를 음성으로 읽어 주는 시각장애인용 음성 변환기, 전문 음악인들의 필수 장비가 된 신시사이저 등을 발명한 대단한 공학자이다. 그의 업적과 권위는 무시할 수 없지만 미래학자로서 레이 커즈와일의 통찰이 옳은가와는 별개 문제이다. 그의 미래 예측 중에는 '인간의 수명이 500세까지 연장된다'거나 '인간의 마음을 컴퓨터 네트워크로 옮겨 넣는 것이 가능해진다(기억이 아니라 진짜 '마음'이다)'고 주장하는 등, 상식적으로 누가 보아도 현실 감각과 동떨어진 것들도 포함돼 있어 개인적으로는 그리 신뢰하지 않고 있다.

반대로 AI 기술이 벽에 부딪히고, 더 이상 발전이 어려울 것이라는 이야기도 자주 등장한다. 현재의 컴퓨터 구조로는 인간의 자아를 흉내 내긴 어렵다는 지적이다. 일례로 수브하시 카크 미국 오클라호마주립대학의 전자·컴퓨터엔지니어링 교수는 뉴스위크지에 기고한 칼럼에서 "인간의 두뇌는 하나의 경험을 구성하는 수많은 요소(시각과 후각 등의 정보)를 통합하고 압축한다는 것이 우리의 기본 논리"라며 "지금의 컴퓨터가 데이터를 탐지하고 처리하고 저장하는 방식으로는 다룰 수 없는 과정"이라고 했다.

어느 편이 맞을지는 미래가 되어 보아야 알 수 있겠지만 몇 가지 명확한 것은 있다. 우선 2022년 현재, 인간에 필적하는 강AI는커녕 기초적인 자아를 가진 컴퓨터 시스템조차 아직 등장한 적이 없으며, 일부 예언가(?)들의 주장을 제외하면 실제 뇌과학 전문가들도 그런 시스템을 만들 명확한 기술체계를 확보하지 못했다는 점. 그리고 4차 산업혁명 시대 혁신의 근간은 (약)AI라는 점이다. 따라서 앞으로 미래를 살아가야 할 우리가 준비해야 할 것은, 아직 등장하지 않은 강AI를 우려하거나 그 혜택을 기대하기보다, 이미 실용화가 시작된 약AI를 이해하고 활용하는 데 집중하는 것이 훨씬 현명한 판단이라 여겨진다.

추가로 AI를 구분하는 기준으로서 강인공지능–약인공지능 이외에 또 다른 하나를 꼭 한 가지 알아두었으면 싶은 것이 있는데, 그것은 '범용AI'와 '특화AI'의 차이점이다. 강인공지능과 마찬가지로 인간에 필적하는 고성능 범용AI는 아직까지 개발돼 있지 않으며, 개발의 실마리도 찾기 어렵다. 따라서 현존하는 모든 AI는 특화AI로 구분할 수 있다.

대표적인 사례로 꼽히는 '알파고'를 보면 특정 분야에서 AI는 이미 인간을 능가했다고 말하기에 부족함이 없다. 그런데 여기서 간과한 부분이 있다. 그것은 두뇌의 '범용성'에 대한 문제다. 만약 알파고를 가져다 두고, 갑자기 부동산 가격 예측을 하라고 하면 어떻게 될까. 인간이라면 설사 전문가가 아니더라도 기본적인 정보만 취합하면서 어떻게든 일단 예측은 해 볼 수 있다. 물론 부동산 전문가가 아닌 사람의 예측 결과가 정확하리라고 보기 어렵지만 아무튼 최대한 노력해 볼 여지가 있다. 인간은 잘하든 못하든 새로운 것을 보고 학습이 거의 없는 상태에서도 그대로 흉내 내며 업무를 빠르게 시도해 볼 수 있는, 즉 어디에나 활용할 수 있는 만능 지능을 갖고 있다.

인간 지능의 장점은, 한 가지 경험을 통해 얻은 지식과 기술이 다른 분야에서도 활용된다는 점이다. 프로 바둑기사를 장기 시합에 나가라고 해 보자. 장기를 잘 두든 못 두든 아무튼 기본적 규칙만 이해하면 장기 시합을 해볼 수 있다. 만일 상대방이 장기의 프로 기사라면 승패는 불 보듯 뻔할 것이다. 그러나 바둑에서 얻은 집중력과 수읽기 감각을 동원해 꽤 괜찮은 승부를 겨룰 가능성도 상당히 크다고 할 수 있다.

바둑 프로기사가 일반인을 나란히 놓고 비교하면 아무래도 바둑기사 쪽이 장기 시합에서 더 실력이 뛰어날 거란 예측은 누구나 손쉽게 할 수 있는 것이다. 즉 바둑을 배우면서 높아진 지능이 장기를 비롯해 다른 여러 가지 활동에 영향을 미치는 것이다. 어린 시절 아이들에게 바둑을 가르치면 침착해지고 문제해결 능력도 높아진다는 식의 교육 방법도 많이 나와 있다.

그러나 AI는 이런 '범용성'과 '전체적인 성장능력'이 없다. 갑자기 새로운 일을 주면 아무것도 할 수 없는 상태가 된다. 만약 AI에게 다른 일을 시키려면 그 일에 적합하게 설계된 AI를 가져오거나 처음부터 새로 학습을 시켜야 한다.

사실 현재 '범용 AI'라고 부르는 AI가 없는 것은 아니다. 이 때문에 '범용 AI가 이미 개발된 것 아니냐'며 혼란을 겪는 경우가 있는데, 이런 경우는 '보드게임' 등 특화 분야에 속한 하위 카테고리를 모두 적용할 수 있도록 만들어지는 경우를 뜻한다. 예를 들어 '알파고' 개발이 모두 끝난 후, 개발 기업인 구글 딥 마인드는 완전히 새로운 AI '알파제로'를 개발했는데, 바둑뿐 아니라 체스, 쇼기(일본식 장기)에도 적용할 수 있도록 만들어졌다. 실력도 꽤 뛰어나 바둑의 경우 가장 강력한 버전의 알파고보다 조금 못하고, 장기나 쇼기의 경우는 타 회사가 만든 전용 AI를 압도했다.

이 경우는 '세 가지 보드게임에 특화된 AI'라고 보아야 하지만, 개발하는 사람 입장에선 '엄연한 범용이 아니냐'고 주장할 수 있다. 이 세 가지 보드게임 이외 분야에서 일체의 실력을 발휘할 수 없음은 물론이다.

범용 AI(AGI · Artificial General Intelligence)의 특징	특화 AI(Narrow AI)의 특징
• 대부분의 업무에 적용 가능 • 아직 현실에 존재하지 않음	• 특정 분야에서만 인간과 비슷하거나 그 이상의 역량 발휘 • 현존하는 모든 AI

이밖에 알아두었으면 하는 용어가 '초거대 AI'이다. 다양한 기능을 하는 AI를 만들기 위해 많은 자원을 동원해 특별히 만든 AI 시스템을 의미한다. 초거대 AI를 범용 AI와 혼돈하는 사람들이 많이 있는데, '다방면으로 쓸 수 있는 특화 AI' 정도로 이해하면 손쉽다. 슈퍼컴퓨터에 필적하는 엄청난 양의 연산시스템을 동원해 만든 시스템에 연결형 AI를 설치해 두고, 여기에 다양한 것들을 학습시켜 여러 가지 목적으로 쓸 수 있도록 만든 것이라고 이해하면 편하다.

진정한 의미의 범용 AI와는 차이가 있으므로 구분해서 알아두어야 한다.

언젠가 인간 정도는 아니더라도 다양한 분야에 적용할 수 있는 범용AI가 개발될지 모른다. 그러나 이 경우에도 인간 정도의 유연함을 보일 수 있을지 의문이다. 무엇이든 결국 학습의 단계를 거쳐야만 비로소 어떤 것을 할 수 있게 되는 점은 피하기 어렵기 때문에 돌발상황이 끊임없이 이어지는 현실사회에선 사용이 대단히 제한될 수밖에 없다. 만약 개발이 가능하다면 AI를 실생활이나 산업에 적용할 수 있는 범위가 압도적으로 넓어질 것이다. 범용AI는 강인공지능보다는 개발 가능성이 높다는 이야기도 적지 않지만 시기는 여전히 알 수 없는 상태다.

이런 점을 종합해 볼 때, 인간과 같은 만능형 지능은 오직 인간만의 타고난 능력이다. 인간과 AI의 가장 큰 차이 중 하나이기도 하다. AI 시스템으로 대체할 수 없는 인간만의 우월한 점인 셈이다. AI 시대를 살아가는 사람으로서 이 사실은 꼭 알고 있어야 한다.

AI를 만드는 두 가지 방법

인간에 비해 부족한 점이 많지만 그렇다고 AI가 중요하지 않다는 것은 아니다. 현재 일어나고 있는 사회 변혁의 중심에 AI가 있다는 점은 주지의 사실이다. 일반적인 컴퓨터 소프트웨어와 비교해 인간의 업무 중 상당 부분을 대체할 수 있다. 따라서 약AI와 범용AI의 기본적인 원리에 대해 조금은 이해하고 넘어가자. 공학자 수준의 수준 높은 이해까지는 아니더라도 기본적인 구분과 작동원리를 알고 있는 편이 유리하다.

우선 AI에 대해서 정의를 내려보자. AI란 글자 그대로 '사람이 만든 지능'을 말한다. 명확한 기준에 대해서는 학설이나 사람마다 차이가 있지만 가장 기본적인 구분법은 '사용하는 사람이 지능이 있다고 느끼면 된다'는 것이다. 즉 컴퓨터 속 AI 자체가 진짜로 생각을 하는지, 아니면 단순히 계산을 통해 명령을 수행하고 있는지는 기술적 문제이며, 사용자 입장에서는 '어, 똑똑한데?'라고 느끼면 지능이 있다고 여기는 식이다.

하지만 이런 구분은 어디까지나 관념적인 방법이며, 현재까지 개발된 AI 개발 방법에 대해 명백히 구분을 지어 둘 필요가 생긴다. 우선 앞서 이야기한 것처럼 인간 수준의 지능은 강인공지능과 범용 AI, 이 두 가지가 모두 개발된 다음에야 흉내 낼 수 있는 수준의 것이다. 그리고 현재까지 개발된 모든 AI는 전혀 그렇지 못하다. 따라서 모두 약인공지능이며, 특화 AI이다(이 책에서 'AI'라는 단어를 사용할 때는 이후 특별히 표기한 경우가 아니면 이 같은 의미라는 점을 미리 알려둔다).

그렇다면 현대의 AI를 만들 때도 다시 어떤 구분이 있지 않을까.

이는 개발 방법에 따라 크게 두 종류로 나누어 생각해 볼 수 있는데, 첫 번째 방식은 '기호주의'이다. 초창기엔 이 방법만 사용해도 'AI'라고 부르는 경우가 많았으나, 현시대에 이 방법만 써서 컴퓨터나 로봇의 제어프로그램을 만들어도 'AI 기법'이라는 말을 잘 사용하지 않는다. 이는 사실 컴퓨터 시스템의 기본적인 원리이다. 설사 현대의 최신 AI를 모두 적용한 시스템이라 해도 전체적인 시스템의 통제는 이 기호주의 원리에 따라 진행하게 된다.

코딩, 이른바 컴퓨터 프로그래밍을 배워 본 사람은 알겠지만, 컴퓨터의 동작 순서를 정할 때는 반드시 '순서도'라는 것을 그린다. 컴퓨터가 무언가 판단을 할 때 필요한 최소한의 기준을 만드는 것이다. 이때 소프트웨어가 어떤 것을 결정하고 자동으로 움직이도록 만들 필요가 있을 때 반드시 사용되는 명령이 있는데, 보통 '조건문'이라고 부른다. 코딩을 하루 이틀만 공부해 본 사람이라면 누구나 알고 있는 'if else'라는 기본 명령어를 뜻하는데, 프로그램 언어마다 차이가 있지만 보통 이 명령어를 'if A do B else C'라는 순서로 적어 두면 'A라는 조건에 충족하면 B를 실행하고, 아니면 C를 실행한다'라는 뜻이 된다. 이 조건문은 기호주의 방식의 핵심 명령어라고 생각해도 거의 틀리지 않는다.

이 방법으로 대단히 많은 것을 이뤄냈는데 사실상 AI가 본격적으로 도입되기 이전인 2000년대 초반까지의 모든 자동화 문명은 이 기술을 통해 이뤄냈다고 보아도 과언이 아니다. 세탁기가 자동으로

빨래를 하고, 아침에 정해진 시간에 자명종 시계에서 알람이 울리는 등의 기초적인 자동화 구현은 모두 이 기술로 가능하다. 가정에서 쓰는 청소용 로봇, 세탁기, 전자레인지, 아니면 공장 같은 곳에서 물건을 집어 드는 공업용 기계 같은 것은 주변 환경이나 하는 일이 제한적인데, 이럴 경우는 이런 '조건문'을 수백, 수천 개 복잡하게 연결해 원하는 작업을 하도록 순서를 지정해 주면 얼핏 보기에 뭔가 자기 스스로 판단을 하고 움직이는 것처럼 '보일 수도' 있다. AI인지 아닌지를 판단하는 기본 조건을 충족한 셈이다.

요즘에는 순수하게 이 방법만으로 자동화 기능을 구현하면 AI라고 부르지 않는 경우가 많지만 이 방법 자체도 본래는 '인간의 사고 과정을 어떻게 하면 도식화 할 수 있을까'를 고민하고 나온 것이다. 전통적으로 고도의 자동화 기술을 구현하는 데 크나큰 기여를 했으며 앞으로도 계속해서 쓰일 기술이다.

그런데 이 방법만으로는 원하는 만큼 능숙하게 일을 처리하기 어려운 점이 많았다. 사람에겐 당연하다 싶은 것을 이 방법으로는 컴퓨터에게 일을 시키지 못하는 경우가 많기 때문이다. 예를 들어 '사진만 보고 감과 귤을 구분하라'는 명령을 내릴 수 있을까. 이 경우 인간이야말로 정확하게 표현하는 것이 불가능하다. 동그랗고 주먹보다 조금 작은 편이며, 약간 노란 색이라는 점은 비슷하다. 사람은 누구나 알아볼 수 있는 간단한 일이다.

그런데 이것을 기호주의 방법으로 컴퓨터 안에서 화상해석 프로그램을 만드는 것이 대단히 복잡하고 어려운 일이다. 감과 귤을 구분하는 프로그램 정도는 자세히 표현하면 어찌어찌 많은 노력을 기울여 성공했다고 치자. 개와 고양이는 어떻게 구분할까? 앨범과 소설책은? 포도송이와 체리는?

사람은 이런 것들을 당연히 구분할 수 있다. 그런데 어떻게 구분할지 말로 설명하라고 하면 뭔가 딱 부러지게 이야기하기 어렵다. 봐서 그냥 아는 것이지, 뭔가 글로 묘사한 것을 보고 구분 방법을 배운 게 아니기 때문이다. 조건문 방식, 즉 기호주의 AI는 사람이 말로 설명하지 못하는 것은 코딩을 통해 컴퓨터에게 알려주기 어렵게 된다. 이 문제는 대단히 중요한 관건이다. 코딩도 컴퓨터에게 명령을 내리는 언어라고 볼 수 있는데, 사람이 머릿속에 자국어+수학으로 생각을 한 것을 컴퓨터 언어로 바꾸어 넣어야 한다. 인간이 말로 설명할 수 없는 것을 인간이 개발하는 일이 쉬울 리 만무하다.

그런데도 이 방법은 쓸모가 많았다. 고심 끝에 어떤 기능을 말로 설명하는 방법을 찾아낸다면 그다음부터는 상황이 달라지기 때문이다. 현대적 AI가 도입되기 전, 즉 3차 산업혁명 시대까지는 이 방법만으로 방대한 산업 시스템을 구성했다. 그 시절 다소 복잡한 수학 기법을 동원해 드물게 AI라고 부르던 것들이 있었지만 이는 사실 강인공지능이나 범용 AI도 아니며, 심지어 2010년대 이후 주목받기 시작한 연결형 AI도 아니었다. 그저 단순히 명령어에 따르던 단순 코딩 기법일 뿐이다. 하지만 사람들은 이것만으로도 많은 일을 할 수 있었고, 그래서 세상의 발전을 일궈내 왔다.

문제는 이런 기술만을 기본으로 산업화를 할 경우, 단순노동을 위해 인력이 투입되는 것을 피할 수 없다는 데 있다. 인간의 판단이 필수적으로 필요한 일을 컴퓨터나 로봇으로 대체할 수 없기 때문이다. 즉 공장 시스템을 자동화할 경우, 설계를 아무리 잘해도 사람이 직접 판단하는 과정이 있기 마련이다.

이런 불합리한 문제를 해결하기 위해 등장한 것이 '연결주의 AI'이다. AI가 데이터를 기반으로 스스로 판단 능력을 갖추고 있다면 연결주의 AI라고 부른다. 즉 그렇지 않고 완전히 모든 상황에서 미리 지정해 둔 사람의 명령에 따라 움직이면 기호주의 AI로 보아도 무리가 없다. 2010년대 후반 이후에는 그냥 AI라고 말하면 보통 누구나 연결주의 AI를 생각하는 경우가 많은 것 같다.

연결주의 AI의 기본 원리는 인간의 신경 시스템 원리를 흉내 내, 다소나마 판단력을 갖도록 구성해 주는 것이다(판단력을 갖기 위해서는 판단의 재료가 될 데이터를 배우는 '학습' 과정이 필요한데, 이 부분에 대해서는 다음 장에서 조금 더 자세히 이야기하자). 바둑을 둘 때 다음 돌을 어디다 두는지, 여러 가지 학습 방법을 통해 습득한 데이터를 기반으로 판단하고 확률적으로 높은 답을 골라낸다.

이는 연결주의 AI가 '인공신경망'이라는 학습 기능을 가지고 있기 때문에 가능한 일이다. 물론 사람이나 고등동물이 가지고 있는 진짜 신경망은 아니다. 그러나 무언가 가르쳐 주면 기억해 두었다가 다음 판단의 재료로 활용하는 것과 같은, 동물의 신경망이 가진 '조건' 중 일부를 발휘할 수 있도록 만들어져 있다.

현재의 소프트웨어 개발자들은 기호주의나 연결주의 AI를 모두 활용해 최적의 방법을 찾아낸다. 심지어 소프트웨어 개발 과정에서 AI의 도움을 받는 일도 많아졌다. 과거에는 엔지니어가 의도한 것 이상의 성능을 내지 못했고, 성능을 높이려면 일일이 처음부터 개선해야 했다. 그러나 연결형 AI를 도입하면 일을 하면서도 데이터를 계속해서 추적해 그 공통점을 찾아내고 분석해 점점 더 성능이 높아지는 특징도 있다. 쉽게 말해 연결주의 AI는, 수없이 많은 데이터를 학습하고 거기서 공통분모를 찾아내는 기술이기도 하다.

기호주의 AI의 특징	연결주의 AI의 특징
1. 논리적 과정을 구현하는 데 유리함 2. 인간이 모든 과정을 프로그래밍 함 3. 인간이 정해 준 작업 순서도에 따라 동작함 4. 설계자의 예측을 벗어난 상황에선 오작동	5. 감각적 과정을 구현하는 데 유리함 6. AI가 스스로 학습함 7. 인간은 AI가 스스로 만들어 낸 작업 논리를 알 수 없음 8. 인간이 예상하지 못한 엉뚱한 실수를 할 우려가 있음

2000년대 후반 이후 AI 기법이 점차 주목받기 시작하면서 이제는 과거에는 사람만이 할 수 있었던 일, 사람의 판단력이 꼭 필요했던 일의 상당 부분을 컴퓨터가 할 수 있게 됐다. 인터넷이 발달하면

서 학습을 할 데이터를 축적하기 좋아졌으며, 컴퓨터 성능이 비약적으로 높아지면서 대용량의 데이터를 축적하며 학습하는 것이 가능해졌다. 이 결과 과거와는 달리 AI의 판단 속도 역시 실용화 가능한 수준으로 높아지고 있다. 이처럼 인간과 컴퓨터, 또는 로봇이 맡아야 하는 일은 과거와 큰 폭으로 달라지고 있다. 이것이 'AI가 현재 산업에 일으킨 혁신'의 기본적 원리다.

 ## '생각'은 할 수 없지만 '판단'은 한다

AI 시스템은 스스로 사고할 수 없고, 사람이 시킨 일만 정해진 알고리듬에 따라 한다. 다만 그 알고리듬의 과정을 과거와 비교할 수 없이 간소화하거나, 혹은 과거에는 알고리듬을 설계하는 것 자체가 불가능하던 일을 일부 가능하게 해 준다.

간혹 이 사실을 두고 '그 정도를 가지고 왜 그리 다들 호들갑인가, 그렇다면 과거의 컴퓨터 기술로도 구현이 가능한 것 아닌가'라는 의문이 들 것이다. 사람들은 AI를 두고 어째서 그토록 유용하다고 판단하는 것일까.

몇 가지 예를 들어 보자. 여러 가지 작은 물건을 대량으로 거의 쏟아내듯 생산하는 공장이 있다고 가정하자. 그런데 기계 장치로는 색깔과 크기, 모양을 구분하기 어려우니 결국 사람이 앉아 손으로

그걸 고르고 앉아 있는 경우를 우리는 어렵지 않게 볼 수 있다. 기계 장치를 동원해 기껏 자동으로 생산을 했는데 다시 사람이 일하는 것이다.

24시간 편의점은 어떨까. 돈을 세고, 거스름돈을 계산해 내어주는 일을 기계로 대체하기 어려우니, 야간 시간 매출로 버는 돈이 더 적더라도 직원 한 명이 지키고 앉아 있어야 했다. 이렇게 사람이 손으로 할 수밖에 없는 일이 곳곳에 남아 있으니 전체적으로 효율을 떨어뜨린다.

지금까지는 이런 불편을 해결하기 위해 수많은 엔지니어의 눈물겨운 노력이 필요했다. 최신의 AI 기법은 없지만 어떻게 해서든 컴퓨터와 기계 장치에게 일을 가르치기 위해 시행착오를 끊임없이 반복했다. 이 노력으로 어느 정도는 사회에 필요한 프로그램들을 '기호주의' 방식으로 기어이 개발해 내는 데 성공하기도 했다. 조건을 세분화하며 끊임없이 고민하면 방법을 찾아낸 사례가 적지 않다. 대표적인 것이 자동판매기 같은 것이다. 동전을 넣으면 500원짜리와 100원짜리를 구분하기 위해 무게와 크기, 두께 등을 측정하도록 만드는데 이런 정도는 비교적 쉽다.

그런데 같은 크기의 외국 종이돈과 한국 종이돈을 구분하도록 만들려면 어떨까. 엄청나게 세밀한 규칙을(예를 들어 종이의 두께라던가 마찰 정도, 이미지 인식 프로그램의 추가 적용 등) 짠 다음 일일이 이것을 코딩을 이용해 컴퓨터에게 가르쳐 주어야 한다.

이런 방법은 비교적 최근까지만 해도, 아니 지금 현재도 여전히 쓰이고 있다. 누군가 '이건 코딩으로 개발이 어렵다'며 포기하고 있는 것을 어떻게든 방법을 찾아내 컴퓨터에게 설명해 주는 경쟁이 계속되고 있다. 그 과정에 다른 누군가가 만든 소스를 가져다 사용하기도 했고, 얼굴도 모르는 타인들을 위해 자신의 개발 성과를 공유하기도 했다. 특허를 써서 자신의 연구 성과를 독점하기도 했고, 돈을 내고 허락을 얻어 타인의 개발 성과를 합법적으로 가져다 쓰기도 했다. 이 과정에서 기업이 만들어지고 경제가 흘러갔다.

현대에 세계적인 대기업은 대부분 정보통신 기술과 관련이 크다는 점을 생각해 보면, 이 기법의 강력함은 새삼 다시 설명하지 않아도 실감할 것이다. 2021년 11월 현재 세계 시가총액 상위 10대 기업은 마이크로소프트(1위), 애플(2위), 알파벳(구글·3위), 사우디아람코(4위), 아마존(5위), 테슬라(6위), 메타(페이스북·7위) 엔비디아(8위), 버크셔해서웨이(9위), TSMC(10위) 순서다. 정보통신(ICT) 분야 기업이 아닌 것을 찾는 게 더 어렵다는 것을 쉽게 알 수 있다.

(연결주의 방식의) AI가 본격적으로 쓰이기 시작한 것은 몇 년 되지 않았다. 지금의 사회 모습은 대부분 연결주의 AI는 조금도 사용하지 않고 이런 식의 시행착오를 쌓아 만들어졌다고 보아도 과언이 아니다. 이렇게 만들어진 지금의 세상을 보고 있자면 그간 엔지니어들의 노고가 실로 눈물겹게 느껴질 정도다.

그렇다면 이 정도로 강력한 기존의 ICT 기술이 있는데 사람들은 왜 AI에 눈을 돌리는 걸까. 그것은 '기호주의' 방식의 한계를 깰 수 있는 잠재능력을 갖고 있기 때문이다. 개발자들은 개발에 들어가는 시간을 압도적으로 줄일 수 있고, 과거엔 불가능하게 여겨졌던 일을 기계에게 시킬 수 있는 여지가 생겼다.

조금 전 공장에서 쏟아져 나오는 물건을 사람이 고르고 앉아 있는 상황을 이야기했는데, 이걸 사람이 아니라 기계에게 시키려면 어떻게 해야 할까(이는 예를 든 것이다. 실제로 공장에 따라 제품을 분류하는 시스템을 도입한 곳은 이미 있다).

공장에서 일할 때, '쏟아져 나오는 엄청나게 많은 제품 중 붉은색 물건을 모두 골라내라'고 하면, 사람은 그저 붉은색처럼 보이는 것을 무작정 골라내면 그만이다. 하지만 로봇팔을 설치한 다음 기호주의 방법만 가지고 그 방법을 가르쳐 주려면 대단히 어렵게 된다.

제대로 된 붉은색 검출 프로그램을 만드는 것 하나만 해도 대단히 어렵기 때문이다. 붉은색이라고 해도 노란 빛이 섞여 있는 것, 푸른 빛이 섞여 있는 것, 녹색 빛이 도는 것 등이 마구 섞여 있을 것이다. 진한 색과 연한 색의 구분, 분홍색인지 붉은색인지 등 제대로 구분이 되지 않는 조건투성이다.

이렇게 복잡한 조건을 사람이 코딩으로 컴퓨터에게 모두 알려 주는 것이 가능할 수도 있지만, 그 개발 과정에서 매우 불합리해질 것은 자명하다. 과거엔 이 방법을 통해 힘겹게 필요한 기능을 하나하나 개발하고, 어쩔 수 없는 부분은 인력으로 보완해 왔다.

　그러나 최근에는 AI, 그 중에서도 연결주의 AI를 도입하면서 이런 문제를 빠르게 해결해 나가고 있다. AI를 사용해 학습을 시키면 이런 '판단력'을 발휘하기 때문이다. 처음엔 다소 실수가 있을지 모르지만 학습을 통해 골라낼 제품의 색깔을 점점 더 정확하게 배워 나갈 수 있다. 이렇게 되면 공장에서 색깔에 따라 물건을 분류하던 사람이 하던 일을 결국 AI 로봇팔에게 시킬 수 있게 된다.

　학습을 시킨 AI는 대단히 유용하다. 사람과 같이 하고 싶은 일만 골라서 하거나, 일할 때 요령을 피우거나, 늑장을 피우지도 않는다. 그러나 마치 사람이 하는 것처럼 일할 때만큼은 인간 이상의 역량을 발휘할 수 있다. 이 과정에서 인간이 미처 가르쳐 주지 않은 전혀 기발한 방법을 내놓기도 한다.

　이처럼 현대에 AI라 부르는 시스템은 '생각은 하지 못하지만, 정해진 규칙에 따라 최적의 판단을 하는 일' 만큼은 인간 이상의 역량을 발휘하게 된다. 바둑이나 장기, 체스를 둘 때 다음 수를 판단하는 일, 공장에서 집어내야 할 물건을 판단하는 일, 운전할 때 언제 운전대를 얼마나 돌리고, 언제 브레이크와 액셀러레이터를 어느 정도 깊이로 밟을지를 판단하는 일이 모두 가능하다. 주어진 데이터만 충분하다면 심지어 예술 활동도 가능하다. 작곡할 때 다음 리듬을 판단하고, 그림을 그릴 때 다음 획을 어디에 그을 것인지조차 AI는 판단할 수 있다. 자아가 없이 주어진 정보를 처리하고 있을 뿐이지만, AI가 가진 판단력은 사실상 인간의 창의력과 직관력에 근접한, 때에 따라서는 이를 뛰어넘는 능력을 갖추고 있다. 그도 그럴 것이 인간은 상상하기 어려울 만큼 압도적인 분량의 데이터를 취급하는 것이 가능하기 때문이다.

한 발만 더 나아가 생각해 보자. 이런 AI가 모든 분야에 적용된다면 어떻게 될까. 어떤 일에 적용할 수 있고, 어떤 일에는 적용하는 것이 불가능할까. 조금만 고민해 보면 지금까지 이야기했던 내용만 가지고도 ①AI로 대체가 가능한 일 ②AI로는 대체할 수 없는 일 ③AI로 대체할 수 있지만, 기존의 방법이 더 나은 일 정도는 어느 정도 가늠해 볼 수 있을 것이다. 분명 AI는 만능이 아니며, 두려워할 대상이 아닌, 우리 인간이 이용해야 할 유용한 도구이다. 세상엔 AI로 대체가 어려운 일도 분명 많지만, 우리가 사는 세상을 다시 한번 크게 바꿀 힘은 분명히 가지고 있다.

 ## 현대 AI는 배우고 익히는 존재

연결형 AI의 특징 중 하나는 마치 인간의 뇌와 비슷하게 '학습'이 가능하다는 데 있다. 앞서 인간은 고도의 범용지능을 가지고 있다고 설명했다. 동시에 감과 귤 등을 즉각적으로 구분하는 능력에 관해서도 이야기했는데, 여기에 더해 다시 사례 하나 들어보자. AI의 대명사 알파고를 예로 들어, 바둑을 배우는 경우를 생각해 보자.

AI에게 무언가 가르치려면 어떻게 해야 할까. 자세히 뜯어보면 인간에게 무언가 가르칠 때와 비슷하다. 아주 어린 아이가 있는데 개나 고양이를 한 번도 본 적이 없다고 가정하자. 개나 고양이의 사진을 보여주고 '이 사진은 개를 촬영한 것이고, 이 사진은 고양이를 촬영한 것'이라고 하나하나 알려 줄 것이다. 그렇게 사진을 몇 장, 몇십 장 정도만 보게 되면 인간은 금방 학습을 끝낸다. 이 설명할 수 없는 학습 능력을 우리는 '직관(어떻게 지식이 취득되는가를 이해하지 않고 대상을 직접적으로 파악)'이라고 부른다. 이 역시 AI에는 없는, 인간만이 가진 특징이다.

　AI는 이런 점이 불가능하니 학습에 더 공을 들인다. 개나 고양이를 구분하는 정도는 사진을 한 장 줄 때마다 인간이 답을 가르쳐 준다. 이렇게 수십 장, 수백 장, 수천 장, 그래도 안 되면 수만~수십만 장을 입력시킨다. 이렇게 하면 AI는 개의 특징과 고양이의 특징을 비교해 가며 그 공통점을 마침내 학습하게 된다. 인간이 쉽게 할 수 있는 '직관'과 비슷한 일을 압도적인 데이터를 통해 마침내 할 수 있게 되는 것이다.

　이런 방법을 흔히 '지도 학습'이라고 부른다. 바둑 같은 경우도 비슷한 방법을 써서 학습을 시킬 수 있다. 유명한 바둑기사들이 둔, 좋은 '기보'를 선별해 제공하고, 그 데이터를 학습시키는 것이다. 이렇게 하면 AI는 바둑 대국을 할 때 미리 학습한 기보를 바탕으로 판단하고, 다음에 둘 수를 판단한다.

　바둑 등에 적용하긴 조금 적합하지 않지만 '비지도 학습'이라는 것도 있다. 정답을 알려 주지 않고 많은 데이터를 제공해 컴퓨터 스스로 공통분모를 찾아내도록 학습시키는 것이다. 비슷한 얼굴을 그룹으로 묶는 기술, 고객의 행동 패턴 그룹화 등 다양한 데이터를 분리하고 정리하는 데 특화돼 있다. 예를 들어 스마트폰으로 찍은 사진을 소셜 미디어 등에 올려두면, 자신의 얼굴인지 알아보고 이름을 띄워 보여주는 경우가 있다. 인터넷에 있는 수많은 사진의 특징을 비교해 자동으로 그룹화 한 것이다.

AI에게 '너 스스로 알아서 연습하라'고 말하고 방치해 버리는 경우도 있다. 이런 경우를 '강화 학습'이라고 부른다. 보통 게임 등 반복 연습을 통해 실력을 기를 수 있는 경우 이 방법이 적합하다. AI 바둑 프로그램의 경우 사람들이 기보를 미리 입력해 주지 않고, 이 방법으로 학습을 시킬 수도 있는데, 자기 자신을 상대로 혼자 바둑을 두며 데이터를 쌓아 나간다. 즉 시행착오를 통해 스스로 학습하는 경우다.

간단한 컴퓨터 게임 같은 경우는 엄청나게 빠른 속도로 하루 사이에 실력이 기하급수적으로 늘기도 하는데, 바둑 같은 경우는 그보다 쉽지는 않다. 어쨌든 일단 자기 스스로 배우기 시작한 이상은 인간보다는 월등히 빠른 속도로 학습이 가능해진다. 한 번 배운 것을 잊어버리지 않고, 또 여러 대의 컴퓨터를 이용해 얻은 시행착오를 모두 종합할 수도 있다.

바둑 프로그램 알파고는 크게 4단계에 걸쳐 발전했는데 유럽 챔

피언 '판 후이' 2단과 대국에서 승리했던 버전 '알파고 판', 우리나라 이세돌 9단과 대국에서 승리했던 '알파고 리', 그리고 세계 랭킹 1위 중국 커제 9단과 대국했을 때의 '알파고 마스터'의 경우는 지도 학습을 거친 다음 강화 학습을 추가로 진행하는 방식으로 개발됐다. 그러나 알파고의 최종 버전 '알파고 제로'의 경우는 100% 강화 학습을 통해 학습시켰다.

참고로 성능은 당연히 최종 버전인 알파고 제로가 가장 뛰어난데, 연구진은 이세돌 9단을 격파한 알파고 리를 상대로 대국을 진행했다. 즉 컴퓨터 두 대가 바둑을 두도록 했는데 단 7시간 학습만으로 무려 100대 0의 승률을 보였다. 세계 정상급 바둑기사를 4대 1로 꺾은 바둑 프로그램을 상대로 말 그대로 백전백승을 거둔 것이다. 약 40일 정도 학습을 시킨 후 알파고 마스터와도 대국을 시켜 보았는데, 89승 11패를 기록했다.

지도 학습	비지도 학습	강화 학습
• 데이터와 함께 정답을 제공 • 대부분의 경우에 적합 • 인간이 데이터를 준비해야 함	• 데이터만 제공 • 데이터의 그룹화에 유리 • 가공되지 않은 데이터를 활용	• 시행착오 학습 • 게임, 스포츠 등에 유리 • 스스로 데이터를 생성

이 밖에 알아 두어야 할 용어로 '머신러닝'과 '딥러닝'이 있다. 머

신러닝이란 말 그대로 기계가 학습한다는 뜻으로, 연결형 AI 기능을 갖춘 모든 시스템의 학습을 의미한다. 즉 지도 학습이나 비지도 학습, 강화 학습 등은 모두 머신러닝의 여러 학습 방법 중 하나이다.

그렇다면 '딥러닝'은 어떤 뜻일까. 흔히 AI를 일반적인 기계 학습과 딥러닝으로 구분하는데, 모든 AI 학습은 머신러닝이므로, 딥러닝 역시 머신러닝의 한 종류이다. 다만 학습의 방법이라기보다 AI 소프트웨어로 만든 논리 구조 방식을 뜻한다. AI 논리를 구성할 때, 인간의 신경망 구조를 본떠 만든 것으로, 한국어로 심층 학습이라고 부르기도 한다.

이해를 돕기 위해 사람의 신경세포, 즉 뉴런을 예로 들어보자. 인간 두뇌의 비밀은 밝혀져 있지 않지만, 뉴런 하나의 기능은 어느 정도 규명돼 있다. 뉴런은 마치 올챙이처럼 생겼는데, 커다란 부분을 수상돌기, 뒤쪽으로 뻗어나온 부분을 축색종말이라고 부른다(가독성을 높이기 위해 이하는 수상돌기를 머리, 축색종말을 꼬리라고 적는다).

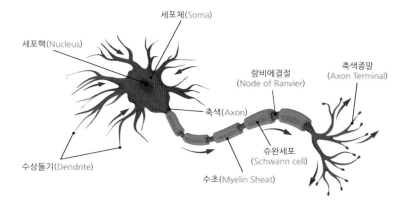

세포체(Soma)

세포핵(Nucleus)

랑비에결절
(Node of Ranvier)

축색종말
(Axon Terminal)

축색(Axon)

수상돌기(Dendrite)

슈완세포
(Schwann cell)

수초(Myelin Sheat)

신경세포의 머리는 주위에서 신경전달물질 중 하나인 아세틸콜린을을 감지하면 미약한 생체 전기신호를 발생시키고, 그 전기는 허리(랑비에결절)를 타고 흘러가 꼬리로 전달된다. 그럼 꼬리는 다시 신경전달물질을 분비한다. 그것이 뉴런 하나가 가진 기능의 전부이다. 머리에서 받은 신호를 받아 뒤로 흘려보내고 만다는 뜻으로, 사람의 뉴런도 0과 1, 즉 2진수의 신호를 통해 신호를 주고받는다고 볼 수 있다.

관건은 이런 신경세포가 하나만 있지 않고 수없이 많이 존재하며, 그저 일직선으로 쭉 연결된 것도 아니라는 데 있다. 수없이 많은 뉴런이 복잡하게 얽혀 있는데 아직 과학적으로 규명돼 있지는 않지만, 인간 뇌의 뉴런 개수는 연구 결과에 따라 최대 1,000억개 이상에서 최소 26억개로 편차가 극도로 심한 편이다. 이처럼 연구마다 사람 뇌의 뉴런 수가 들쭉 날쭉 하는 이유는 뇌 부위마다 뉴런 밀도가 다른 데도 불구하고 2020년대에는 아직 인간 뇌의 뉴런 커넥톰이 완성되지 않아, 뇌의 일부분만 때서 뉴런 수를 세고 나머지 부피 만큼 곱해 버리는 근사값으로 뉴런 수를 추정하기 때문이다. 정확한 뉴런 수는 연구 중이다.

이렇게 많은 신경세포가 모여 있으니, 신경세포의 머리 주변에는 당연히 주위 신경세포에서 뻗어 나온 꼬리가 여러 개 있을 것이다. 즉 여러 개의 신경세포에서 신호를 받아 역치 이상의 신호만을 뒤로 흘려보내고, 그 다음엔 자신도 꼬리에서 신경전달물질을 내보낸다. 한 단계를 지나면 또 다음 단계, 또 다음 단계를 지나면 어떻게 될까. 수많은 신경세포가 무의미하게 뒤섞여 보이던 것도 신호가 한 차례 흘러가면서 저절로 필요한 신호만을 남기게 된다.

이 복잡계(?)를 사람이 흉내 내 컴퓨터 소프트웨어를 통해 AI의 기본 회로로 삼은 것이 '딥러닝' 기술이다. 물론 사람의 두뇌 정도로 복잡하고 정밀한 신경계를 만들지는 못하겠지만, 이 방법을 사용하면 인간처럼 주어진 데이터를 기반으로 결론을 도출하는 것이 어느 정도 가능해지게 되며, 일반적인 방식의 머신러닝에 비해 대단히 효율적이다.

이 책에서 가급적 수식은 사용하지 않으려 했지만, 그편이 더 간결해 이해하기 쉬운 독자의 경우도 있을 수 있으므로 한 번만 양해를 부탁드린다. 뉴런을 타고 흐르는 신호를 '$f(x)$'라고 가정하고, 머리 부분에서 들어온 신호를 X, 꼬리에서 나온 신호를 Y_1라고 정의해 보자. 즉 $X_1, X_2, X_3, \cdots X_n \rightarrow f(x) \rightarrow Y_1$ 으로 적을 수 있다. 그리고 Y_1은 다시 다른 신경세포의 X 중 하나로 전달될 것이다.

수식으로 나타내 보면 학창 시절 배웠던 '함수' 관계가 된다는 사실을 알 수 있다. 신경세포는 즉 앞에서 들어온 신호를 받아들여 필요한 만큼 신호가 강할 때만 Y를 출력하므로, 함수에서도 신경을 타고 흐르는 정보의 절대값만을 확인해 뒤로 흘려 보낼지 말지를 결정하면 된다. 즉 사람의 '역치'에 해당하는 부분을 사람이 임의로 설정할 수 있다. 이 기능을 하는 소프트웨어의 최소 단위를 '인공 뉴런'이라고 부르기도 한다.

　이런 도식화를 여러 개의 단계로 나누어 그려 보면 그림 2와 같이 여러 층으로 구성된 신경망 회로를 갖게 된다. 물론 실제로는 이보다 훨씬 더 인공 뉴런의 수가 많은 복잡한 시스템을 쓴다. 딥러닝 시스템을 심층 학습이라고 부르는 것은 이 때문이다. '다층 구조 시스템'이라고 부르기도 한다.

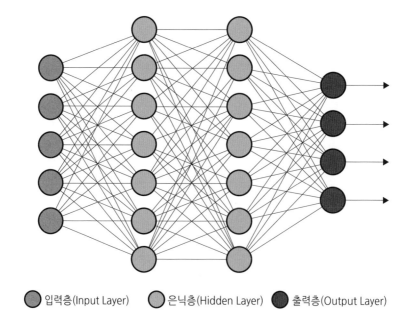

🔵 입력층(Input Layer)　　⚪ 은닉층(Hidden Layer)　　⚫ 출력층(Output Layer)

　이 그림의 뜻하는 바를 다시 한번 생각해 보자. 함수 x와 y는 있지만, x로부터 y를 전혀 예측할 수 없는 상황일 때, 어떻게든 결괏

값이 필요한 상황에선 딥러닝은 최적의 대안이 된다는 뜻이다. 즉 학습으로 데이터를 받아들이고, 그 데이터를 기반으로 결론을 도출할 때 사용하기에 매우 유리한 모델이 된다. 딥러닝 기법이 등장하면서 대단히 다양한 분야에 AI가 적극적으로 도입되기 시작했는데, 특히 과거에 완전한 기호주의 방식만으로는 도저히 실용화 수준의 소프트웨어 개발이 어려웠던 자동음성 인식(ASR), 컴퓨터 비전 등의 분야는 최근 급격한 진보를 보여주고 있다.

다소 복잡하게 여겨졌겠지만 딥러닝은 결국 인간의 신경망 구조를 흉내 내 AI를 구현하는 기법이다. 이런 식으로 사람의 뇌 신경구조 흉내 내 AI를 개발하고 있다는 이야기를 처음 듣는 사람 중에는 불쾌감을 나타내는 경우가 적지 않다. 이러다 정말 사람처럼 생각하는 강AI가 등장하고, 언젠가 인간에게 반항하지 않겠느냐는 우려다.

AI 시스템을 개발할 때는 항상 기호주의로부터 시작한다. 대략적인 시스템 설계를 마치면 필요한 부분, 즉 인간의 직관과 같이 과거에 구현할 수 없었던 부분에 대해 연결주의 시스템의 설계를 접목한다. 그 다음 필요한 학습 방법을 선택하고 진행해 시스템을 완성한다. 즉 전반적인 시스템의 주도권은 여전히 인간이 쥐고 있도록 만들 수 있다. 더구나 AI 학습에 사용하는 딥러닝 등의 다층구조와 인간의 뇌 구조는 짐짓 비슷해 보이지만 전혀 다르다. 그처럼 단순화한 구조에서 강AI가 출현할 거라고 생각하는 건 억측일 뿐이다.

'특정 분야'에선 전문가 역할도

AI는 이처럼 다양한 기법을 동원해 만들어진다. 일련의 과정을 설계할 때 고심을 많이 했다면, 매우 제한된 분야에서 인간 이상으로 일을 잘하게 될 가능성이 대단히 높다. 이는 특정 목적에 대해 의도적으로 인간이 그런 기능을 기대하고 개발한 것이다.

이런 상황을 보고 '기계가 인간보다 일을 잘했다'. '기계가 인간을 앞섰다'고 생각하는 경우를 자주 볼 수 있는데, 사실 기계가 인간보다 뛰어난 것은 상식적으로 매우 당연한 일이다. 기계가 인간이 하던 일을 '할 수 있게 된' 순간부터 기계는 언제나 더 뛰어난 역량을 발휘해 왔다. 굳이 AI까지 갈 필요도 없이 모든 인류 문화가 그런 식이다. 사람이 삽을 들고 땅을 파는 것과, 굴삭기가 땅을 파는 능력은 굳이 비교할 필요조차 없다. 그러나 굴삭기는 사람 없이는 움직이지 못하며, 굴삭기가 등장했다고 삽이 필요 없어지는 것도 아니다. 관건은 언제나 사람이 일의 중심이라는 점, 그리고 AI 시대일수록 그 사실이 점점 더 중요해진다는 사실이다.

AI는 이미 현실 사회의 일이다. AI가 인간보다 더 뛰어나기 때문에 이미 인간의 일을 대체하거나 넘어선 사례는 적지 않다. 바둑이나 체스 등은 이야기할 필요도 없다. 퀴즈 게임도 마찬가지다. '얼굴을 보고 사람을 알아보는 일'은 컴퓨터가 인식률이 더 높다. 음성 인식도 마찬가지다. 추론 능력이 떨어져 대화를 매끄럽게 이어가지 못하기 때문이지, 인식률 그 자체는 이미 인간을 넘어섰다. AI 시스템이 사람보다 능력이 떨어질 거라고 판단하는 건 위험한 일이다. 강AI나 범용AI를 가지고 있는 것과, 특정한 일을 잘하는 것을 동일시해서 생각하는 경우가 많은데 이는 전혀 다른 문제이다.

그렇다면 얼마나 실력이 뛰어날까. 바둑의 사례가 가장 유명한 듯하니 다시 예로 들어보자. 2016년 3월, 한국에서 알파고와 우리나라 프로 바둑기사 '이세돌' 9단의 바둑 시합은 당시 국민적 화제가 됐다. 당시 '바둑은 경우의 수가 너무나 많아 AI로는 프로기사에게 이길 수 없다'는 이유로 이세돌 9단이 이길 것이라는 주장이 우세했다.

하지만 막상 시합날이 되니 상황은 정반대로 흘러갔다. 시합은 5판 3승제로 진행됐는데 시작되기 전에는 '5번의 대국 중 5번을 모두 이세돌 9단이 승리할 것'이라던 예측이 압도적이었다. 그러나 첫째 날 대국이 끝난 후에는 '3판만 이기면 된다'로 바뀌었고, 다음 날 두 번째 대국이 끝난 후에는 '아직 승부는 알 수 없다'는 말로 바뀌었다. 그리고 세 번째 대국이 끝나자 결국 '단 한 판이라도 인간이 이겼으면 좋겠다'는 말로 나왔다.

이세돌 9단은 절묘한 묘수를 통해 네 번째 대국에서 기적적으로 승리했으나 마지막 다섯 번째 대국에서 다시 패해 5번의 대국 중 4번을 내 주고 말았다. 사실 이미 알파고가 3승을 거둔 다음이라 인간 바둑기사끼리의 싸움에선 네 번째와 다섯 번째 대국은 이뤄질

리가 없는 승부였다. 완패한 것과 다른 바 없는 승부였던 셈이다.

그리고 알파고는 이후 성능을 한층 높여 2017년 5월엔 당시 바둑 세계 랭킹 1위였던 중국의 커제 9단과 3판 2승 조건의 대국을 벌였는데, 세 번을 모두 연속으로 모두 승리해 다시 한번 세계를 놀라게 했다. 이런 시합을 보고 '이제 AI가 인간을 넘어선 것 아니냐'라며 두려워하는 사람이 적지 않았다.

그렇다면 알파고의 실력은 수치상으로 표현할 수 있을까. 바둑 등 2인제 게임에서 실력을 수치로 환산하는 '엘로 평점 시스템(Elo rating system)'이란 것이 있다. 계산법이 복잡해 설명하긴 까다로운데, 평균적으로 그 게임을 잘한다는 소리를 듣는 사람이 보통 1500점 정도이다. 그런데 이세돌 9단에게 승리했을 때 알파고의 엘로 평점 시스템 점수는 4500점 정도로 추정됐다. 바둑 인간 최고수의 엘로 평점 시스템 점수가 3600점 정도이니, 인간 최고수가 알파고를 이길 확률은 당시 0.5%에 불과했다. 따라서 알파고의 4승이 놀라운 것이 아니라 이세돌의 1승이 정말로 놀라운 일인 것이다.

한동안 알파고의 실력 향상은 그칠 줄 몰랐다. 알파고 개발 기업 '구글 딥마인드'는 새로운 버전의 알파고를 속속 개발했다. 이세돌 9단과 대국했던 알파고는 '알파고 리' 버전이며, 그 약점을 보완하고 한층 성능을 높인 커제 9단과 승부를 벌였던 알파고는 '알파고 마스터' 버전이다.

그 이후 구글 딥마인드는 완전히 새로운 방식의 알파고를 하나 더 개발한다. 이른바 '알파고 제로'인데, 이 알파고의 특징은 기존 알파고와 달리 기보를 학습하지 않으며, 단지 바둑 규칙만을 배운 상태에서 수없이 자기 자신과 바둑을 두며 점점 실력을 높여 나가는 '강화 학습' 기법을 채택했다. 학습 시작 36시간 만에 이세돌에게 승리했던 '알파고 리'를 능가했으며, 72시간 사이에 알파고 리를 100전 100승으로 이기는 데 성공했다. 단시간에 스스로 학습한 셀프 대국(?) 수는 490만 번에 달한다. 그리고 40일을 학습한 후에는 커제 9단에게 승리했던 '알파고 마스터'를 상대로 100전 89승 11패를 기록했다. 추정값이지만 엘로 평점 시스템 점수는 5185로, 3600점 정도인 인간 최고수는 더 이상 알파고를 상대로 절대로 이길 수 없다. AI가 인간에 비해 특정 분야에서 얼마나 더 뛰어날 수 있는지 알 수 있는 대목이다.

그렇다면 바둑 이외에 AI가 활약하는 분야는 어디 어디일까. 이미 우리 사회 곳곳에 들어와 있다. 이미 작곡가를 대신해 음악을 작곡하고 있다. 국내에서도 이미 몇 개 기업이 AI를 이용한 작곡 서비스를 하고 있다. 힙합, 재즈, 명상 음악 등 음악 장르의 정형화된 규칙을 분석하고 학습해 순식간에 음악을 만들어 내는 것이다.

보통 짧은 곡을 만드는 데 10초가 채 걸리지 않는다. 이보다 시간이 더 걸리는 경우도 있다. 국내 기업 '포지랩스'는 짧게는 3분, 길게는 10분 안에 곡 하나를 만들어 내는 서비스를 하고 있다. 회사

측은 "기존 AI 작곡은 같은 음을 반복하거나 조악한 수준인 데 비해, 작곡, 편곡, 믹싱, 마스터링 등 전 과정을 자동화해 곡의 질을 높여 다소 시간이 걸린다"고 했다.

이런 서비스는 어디 쓰일까. 주요 시장은 콘텐츠 크리에이터다. 유튜브 등 인터넷에 다양한 볼거리를 제작하는 사람들이 목표다. 저작권 문제 없이 자기만 사용할 수 있는 음악을 얻을 수 있다. 드라마나 영화, 애니메이션 제작자들에게도 매력적인 시장이다. 이제는 AI 작곡가의 음악으로 앨범을 낸 가수도 어렵지 않게 찾아볼 수 있다.

음악뿐 아니다. 원하는 일러스트를 자유자재로 그려 주는 AI도 이미 나와 있다. 예를 들어 '진한 갈색의, 등받이가 편안해 보이는 의자 그림을 하나 그려 줘'라고 하면 AI는 정말로 알아듣고 그림을 그린다.

유럽의 소국 에스토니아에선 2020년부터 분쟁 가능성이 적은 7000유로 미만의 소액 재판을 AI 판사에게 맡기고 있다. 물론 재판 결과에 불복한 시민이 '인간 판사에게 다시 재판받게 해 달라'고 요청할 수는 있지만 사법부의 업무 부담을 줄인다는 점에서 현재까지는 대단히 긍정적인 판단을 받고 있다. 오스트레일리아 가정법원도 비슷한 서비스를 운영 중이다. 이혼하는 부부의 재산 분할을 AI가 담당하기 시작했다.

IBM이 개발한 AI '닥터 왓슨'은 병원에서 환자 질병 진단 과정에 의사에게 조언하는 역할을 해 내 화제가 됐다.

　AI는 활용하기에 따라 이처럼 인간 이상의 역량을 보일 때가 많다. 아니, 분야만 확실하다면 인간 이상의 역량을 보이는 것이 당연하다. '그런 이야기는 비인간적이다. 기계의 명령을 따르는 일이며, 많은 사람의 일자리를 빼앗는 일이다'라는 주장도 있다. 물론 인간 전문가의 감성적인 느낌, 주관적인 가치 판단 등이 필요한 경우는 분명히 있다.

　하지만 그런 말이 AI의 필요성이 사라진다는 뜻은 결코 아니다. 냉혹하게 데이터만을 기반으로, 기계적으로 판단해야 하는 일에 우리는 얼마나 많은 시간을 쓰고 있는지 생각해 보자. 좋든 싫든 정신적인 면을 포함한 모든 단순 노동은 이제 AI에 맡겨야 하는 시대가 오고 있다.

 ## 로봇, AI를 위한 육신

로봇이라고 하면 어떤 생각이 들까. 사람처럼 두 팔과 두 다리가 달린 '인간형 로봇'을 생각하는 경우가 많고, 공장에서 열심히 용접하는 산업용 로봇을 떠올리는 경우도 있다. 심지어 표준국어대사전에도 '인간과 비슷한 형태를 가지고 걷기도 하고 말도 하는 기계 장치'라고 적어 둔 것을 확인할 수 있다. 로봇이란 보통 사람들의 생각에 '인조인간'과 같은 개념으로 굳어져 있는 듯하다.

하지만 공학적 기준의 로봇은 이런 개념과 조금 차이가 있는데, '(컴퓨터 프로그래밍에 따라) 자동적 움직이는 기계 장치'라는 의미가 더 강하다. 물론 여기서 말하는 자동적-이라는 말은, 지금까지는 기호주의식 코딩 기술에 의한 것이었다는 것을 쉽게 유추할 수 있다. 애초에 로봇의 정의는 '재프로그래밍을 통해 자동적으로 일할 수 있는 관절이 2개 이상 달린 기계 장치(ISO 규정)'를 말한다. 미래 세상에는 자동을 넘어서 '자율적, 지능적으로 하는 기계 장치'라고 적는 편이 한결 더 어울리는 세상이 오고 있다.

'프로그래밍(코딩)'이라는 말의 의미가 매우 복잡하게 여겨질 수 있을 것이다. 나는 아주 좁은 의미에서 보면 뭔가 일하기 위해 인간, 혹은 AI가 컴퓨터 시스템에 내릴 명령어를 나열한 것이다. 인간이 뭔가 기계 장치에게 일을 시키기 위한 논리적 과정이다.

지금까지 우리는 컴퓨터 시스템을 이용해 뭔가 일을 해 왔다. 이 과정을 기술적으로만 뜯어보면, 글자나 그림, 영상 등을 표시해 보여주게 만들거나, 소리를 내거나 하는 식으로 사람의 시신경과 청각신경에 일방적으로 정보를 보내는 것이 목적인 경우가 대부분이다. 경우에 따라서는 프린터 장치 명령을 내려 인쇄를 하거나, 진동으로 사람의 촉감에 신호를 주는 경우도 있지만 보조적인 기능이다.

정보화 단말기를 사용한다는 건 모니터 화면에서 보여주는 시각 정보를 활용하는 경우가 주된 기능이라는 걸 누구나 쉽게 알 수 있다. 스마트폰은 뛰어난 휴대성으로 언제 어디서나, 길을 걸으면서도 정보화 기기를 사용할 수 있게 만들었다는 점, 스마트 워치는 이보다 한발 더 나아가 스포츠 활동 등을 하면서도 사용이 가능하게 만들었다는 점에서 큰 변화를 몰고 왔습니다만, 이 두 가지 모두 결국은 디스플레이 장치를 통해 보여주는 정보를 사람이 눈으로 보면서 '소비'하도록 만드는 데 그친다.

4차 산업혁명 시대의 특징은 이런 한계가 사라진다는 데 있다. 기계 장치에게 키보드나 마우스로 인간이 명령을 내리는 것이 아니라, AI가 인간 대신 복잡한 명령을 대신하는 세상이 온 것이다.

흔히 4차 산업혁명을 이야기할 때 AI를 가장 중요한 요소로 꼽는다. AI만 발전하면 세상이 곧 크게 좋아질 것이라는 이야기가 쏟아져 나오기 시작한 건 이미 오래된 이야기다. 물론 AI를 빼고 현시대를 미래를 이야기할 수 없다는 데 이견이 있긴 어렵다. 하지만 AI 시대를 맞아 그만큼이나 중요한 조건 하나를 간과하는 경향이 있는데, AI 그 자체로는 현실 세계에서 힘을 펼 방법이 없다는 사실이다. 사람의 명령을 받은 AI가 물건을 만지고, 옮기고, 먼 곳까지 이동하려면 반드시 '신체'가 필요한데 로봇은 이 질문에 답을 할 수 있는 유일한 수단이다.

로봇이 없는 AI는 모니터 속에서 사람에게 디스플레이와 스피커로 정보를 제공할 뿐이다. 실제로 현실 속에서 무언가 일을 하려면 이 정보를 들여다본 인간이 직접 손으로 일을 하거나, 아니면 기계 장치를 조작해 일해야 한다. 로봇은 AI의 노동력인 셈이다. 반대의 시각에서 들여다보아도 같은 결론에 도달한다. 인간이 자동으로 움직이는 기계 장치, 즉 로봇을 연구하기 시작한 것은 이미 100여 년이 지났다. 지금까지 왜 로봇은 크게 주목받지 못했을까. 왜 최근 몇 년 사이에 로봇 기술은 급격하게 주목받기 시작했을까. 그 답은 명확하다. 원인을 사람을 대신할 'AI'에서 찾아야 한다. 현실 사회에서 로봇이 활약하려면 상황을 종합적으로 분석할 수 있는 능력이 필요한데, 기존의 기호주의식 방법으로는 한계가 있었다. 이 방식으로 만든 로봇은 주변에 아무것도 없다면 같은 동작을 의미 없이 반복하게 된다. 하지만 공장 안에서는 원하는 물건이 정해진 곳에, 정확한 시간에 놓여지기만 한다면, 순서대로 물건을 척척 집어다 나르는 일을 잘하게 될 것이다. 지금까지 개발한 로봇의 상당수는 이런 형태다. 특히 주위 환경을 사람이 원하는 대로 갖춰 준 공장 등에서 사용하기 아주 편리했다.

이런 방식의 로봇은 당연히 주변 환경을 인식하지 못한다. 주위 사람이 있든, 튼튼한 쇠기둥이 있든 상관하지 않고 강철로 된 로봇팔을 정해진 시간에, 정해진 힘으로 휙휙 휘둘러 댈 뿐이다. 아마 공장 기계 장치를 잘못 다뤄 사고를 당했거나, 안타깝게 목숨을 잃은 사람들이 있다는 뉴스도 간혹 보았을 것이다. 대부분은 로봇 장치의 성격을 이해하지 못한 사람들이 실수를 해서 벌어지는 일이다.

이런 상황을 벗어나 자율적으로 움직이는 로봇을 개발하려면 어떻게 될까. 수많은 엔지니어들이 기호주의식 방법으로 숱한 노력을 한 결과 어느 정도는 로봇이 공장 밖에서도 움직이는 경우가 있으나 대단히 제한적이다. 변수가 많은 현실 사회에선 무언가 주관적인 판단을 해야 하는 부분이 반드시 나오기 때문이다.

　결국 로봇을 이용해 뭔가 일을 제대로 하려면, 아주 규모가 큰 회사가 아니라면 어려웠던 셈이다. 주위를 둘러봐도 현재 로봇이라는 이름으로 세상에 나와 있는 수많은 물건들이, 과연 주변 환경을 얼마나 잘 인식하고 거기에 적절한 대응을 할 수 있는지, 스스로 넘어지면 몸을 추스르고 일어날 수 있는지, 자기가 망가뜨려 둔 주변 환경을 다시 정리할 수 있는 능력이 있는지 생각해 본다면 쉽게 알 수 있는 일이기도 하다.

　지금까지는 연결주의 방식의 고성능 AI 없이 이런 문제를 해결하기 위해 사람이 다양한 아이디어를 총동원해야 했다. 어떻게든 전보다 더 주변 환경을 잘 인식하는 로봇, 어떻게 해서든 조금이라도 더 주변 환경과 어울려 작업할 수 있는 로봇을 만들기 위해 노력해 왔다. A라는 상황에 부딪치면 B처럼 해결하라는 식의 해법을, 작업 순서와 주변 환경에 대한 대응 방법까지 하나하나 사람이 다 지정해 주어야 하니 매우 어렵고 힘든 일이었다.

　하지만 이제는 이야기가 달라지고 있다. 이런 난해한 문제에 해답을 AI가 제시하고 있기 때문이다. 이 기술의 도입으로 인해 최근 로봇 개발자들은 과거의 숙제를 해결해 가면서, 현실에서 활약할 수 있는 로봇을 개발해 내기 시작했다.

　미래는 결국 AI와 로봇의 시대다. 전문가들은 로봇의 실용화가 생활의 편리함을 넘어 산업 혁신의 토대가 된다는 점에서 미래 사회를 바꿀 실질적 힘이 되고 있다고 설명한다. AI와 기계 장치가 융합되며 노동력으로서 가치가 생기고, 이런 점이 차세대 산업을 이끌 근간이 되고 있다는 설명이 많다. AI의 상용화 체계가 잡혀 있어 로봇에 적용하는 것이 이미 어렵지 않게 됐으며, 앞으로 보다 많은 AI 학습 데이터를 보유한 업체가 경쟁력을 갖게 될 것이라고 보는 것이다.

따라서 경제활동을 하는 현대인이라면, 로봇을 설계하고 개발할 수 있는 정도까지는 아니더라도, 로봇 기술에 대한 개념적인 이해는 반드시 갖춰야만 4차 산업혁명 시대에 적합한 사람이라고 이야기할 수 있다. 이 부분은 반드시 피부에 와 닿을 만큼 이해해 줬으면 하는 바람이 있다.

🤖 로봇은 어떤 종류가 있을까

이야기가 나왔으니 로봇에 대해 조금 더 알아보기 위해 그 분류를 통해 전반적인 기능을 이해해 보자. 로봇의 구분은 사람마다 이야기가 조금씩 달라 다소 복잡하지만, 개인적으로는 △이동형 로봇 △산업용 로봇 △인간형 로봇의 3종류로 나누어 이해하고 있다. 굳이 구분을 추가하자면 웨어러블 로봇, 즉 사람이 입고 신체 능력을 강화하는 형태의 로봇이다. 영화 속에서 볼 수 있는 '아이언맨' 형태의 로봇이다. 이 경우는 보는 시각에 따라 로봇 기술을 통해 개발한 신체 보조 기구로 해석할 수 있지만 많은 사람이 로봇의 일종으로 구분하고 있다.

굳이 이런 구분법을 만들어(?) 사용하는 이유는 이렇게 하는 것이 AI 시대에 로봇의 형태를 가장 알기 쉽게 받아들일 수 있기 때문이다(사람마다 해석의 차이가 클 수 있음을 말해 둔다).

실효성 면에서 가장 먼저 생각하고, 가장 중요하게 인식해야 하는 것은 '드론(drone)'이다. 우리나라에선 드론이라고 하면 수직 이착륙이 가능한 헬리콥터 형태의 소형 비행체 정도를 생각하는 사람이 많은데, 영어권 국가 사람들은 혼자 돌아다니는 로봇은 땅 위나 하늘, 심지어 수면 위나 수중을 모두 포괄해 드론이라고 부르는 경우가 많다. 다른 말로 사람이 탑승하지 않고 움직이는 자율이동체 로봇, 즉 '무인기'는 모두 드론이라고 부르는 식이다(혼돈을 피하기 위해 이 책에서는 모두 '자율이동체'라고 적는다. 필자 임의로 붙인 이름이 아니라, 과학기술정보통신부에서도 사용하는 공식 용어이다).

현 시대에 자율이동체는 쓰이지 않는 곳을 찾는 곳이 더 어렵다. 현실적으로 우리 사회를 가장 먼저 바꾸어 나갈 로봇이다. 그 이유는 안정감이 높아 개발이 용이하기 때문이다. 걷거나 기어다니는 다양한 형태의 로봇에 비해, 바퀴나 날개 등으로 이동하는 로봇은 이동의 안정성이 어느 정도 보장돼 있다. 진행해 나갈 방향, 장애물 회피 등 비교적 적은 변수만 판단할 수 있도록 만들면 사람이 원하는 일을 할 수가 있다. 따라서 이 형태가 가장 먼저 실용화되어 우리 사회에 사용되고 있으며, 다른 형태의 로봇이 그 뒤를 따를 것으로 예상된다.

대표적인 분야는 농업인데 국내에선 다소 생소하지만 미국 등 대규모 농업을 하는 국가에서 로봇은 이미 생활이 됐다. 미국 회사 '팜와이즈'는 제초 작업용 로봇의 임대 사업을 하고 있다. 로봇이 밭을 오고 가며 카메라로 농작물을 살펴본 다음 호미처럼 생긴 도구를 뻗어 잡초만을 골라 뽑아낸다. 미국 기업 '퓨처 에이커'가 만든 농사 지원 로봇 '캐리'는 이름 그대로 사람 대신 수확한 농작물 등을 옮겨 준다. 최대 500파운드(약 227㎏)의 작물을 싣고 자율적으로 운행하는데, AI와 컴퓨터 화상해석 기술을 이용해 나무나 사람 등 장애물을 피해 이동한다. 무언가 싣고 나르는 일이 농업에서 상당 부분을 차지하는 것을 생각하면 이런 형태의 로봇이 가지는 가치는 대단히 큰 것이다.

일상생활에서는 자율이동체 로봇이 '배송 로봇'으로 가치가 크다. 미국에선 도미노피자가 작은 승용차 크기의 자율주행 로봇 '뉴로 R2'를 이용해 2021년 4월부터 실제로 배달 서비스를 시작했다. 피자를 스마트폰으로 주문하면 차량 잠금장치를 해제할 수 있는 고유 번호를 받을 수 있는데, 차량이 주소지에 도착하면 고객이 문 앞에서 잠금을 해제하고 피자를 꺼내오는 방식이다. 해외에선 우리나라와 달리 배송품을 문 앞에 두고 가지 않고 사람을 만나 건네주기 때문에 편의성 면에서 큰 차이가 없다는 평가가 많다.

이 밖에 비행형 드론이 하늘에서 내려와 물품을 배송한다는 이야기는 이미 식상할 정도이다. 한국에서는 아파트나 빌라 등 다세대주택이 대부분이라 상상하기 어렵지만, 해외의 경우에는 마을 전체가 단독주택인 경우가 적지 않게 있다. 이런 곳일수록 가구당 거리가 멀어지기 때문에 배송에는 더 많은 노력이 들어간다. 하늘엔 드론이 떠서 목장을 관리하고, 저녁식사로 시킨 피자를 가지고 온 드론이 하늘에서 내려와 집 마당에 내려놓고 가는 것이 이상하지 않은 세상이 됐다.

국내에선 실내 배송 로봇이 인기다. LG전자에서 개발한 배송용 로봇 '클로이 서브봇'이 유명하다. 대형 건물 내에서 우편물, 편의점 물품, 병원의 의약품 등을 배송해 준다. 전용 통신 기능을 이용해 엘리베이터를 자유롭게 이용할 수 있어 건물 내 어디든 갈 수 있다. 국내 배달 전문 기업 '우아한형제들'이나 로봇 플랫폼 기업 '로보티즈' 등의 업체가 유사한 배달 로봇의 실용화를 준비 중이다.

로보티즈는 LG의 클로이 서브봇과 비슷한 형태의 AI 기반 실내 배송 로봇 '집개미'의 본격적인 상용화에 나선다고 밝히기도 했다. 이 로봇은 로봇팔로 직접 엘리베이터 버튼을 작동하는 것은 물론 객실 문도 두드릴 수 있는 것이 특징이다.

비교적 최근 사례를 통해 단적인 예를 들었지만 이런 자율이동체 로봇이 곳곳에 도입되면서 농업 현장은 극적으로 변했다. 이젠 로봇 트랙터가 사람 없이도 밭을 갈고, 로봇 콤바인이 사람 없이도 추수하는 풍경이 이상하지 않은 세상이다.

산업용 로봇도 AI를 만나며 인간과 함께 일할 수 있는 형태로 발전하기 시작했다. 사실 로봇 기술이 가장 적극적으로 도입되는 곳이 산업 현장이다. 돈을 버는 곳이니 로봇 값이 비싸더라도 필요하다면 살 수 있기 때문이다.

정확한 시간에 정확한 위치까지 움직이는 '기호주의식' 로봇은 지금까지 산업 현장의 효율을 높이는 데 큰 역할을 했다. 문제는 이런 방식이 인간과 함께 일할 때는 쓸모가 거의 없다는 사실이다. 갑자기 나타난 사람을 로봇이 인지하지 못하면 사고나 오작동으로 연결될 수 있기 때문이다. 공장에서 로봇이 일하는 곳은 철저히 사람의 출입이 금지됐다.

그러나 AI 로봇이 등장하면서 공장의 풍경도 달라지기 시작했는데, 사람이 주변에 있는지 AI로 판단하고 사람과 함께 일할 수 있는 로봇으로 거듭나고 있기 때문이다. 이 때문에 처음부터 사람과 같은 공간에서 일할 수 있도록 설계된 로봇들이 인간과 협업하기 시작했다. 로봇이 바로 옆에 서서 사람을 도우며 일하는 것이다. 이런 형태의 로봇을 이른바 '협동로봇'이라고 부르는데, 현재 산업용 로봇에서 차지하는 비중이 점점 늘어나고 있다. 기계 혼자 일하는 공간은 앞으로도 계속될 것이지만 인간이 일하는 곳에서 인간의 일을 돕는 로봇 역시 활약하기 시작했다고 볼 수 있다.

마지막으로 인간형 로봇이나 웨어러블 로봇을 짚어보자. 실제로 일상생활에 사용될 때까지 다소 시간이 필요하며, 대단히 제한적으로 쓰일 것으로 보여 자율이동체 로봇 등에 비하면 현실적 중요성은 떨어진다. 그러나 필수적인 쓰임새가 있어 꾸준히 연구되고 있는데 인간형 로봇의 경우 재난 로봇으로서의 가치를 인정받기 때문이다. 재난 현장에 투입하는 로봇이 인간형이어야 하는 이유는 명확한데 계단을 걸어 올라가고, 잔해를 손으로 치우고, 사다리를 기어 올라가고, 각종 기계 장치를 사람 대신 조작할 수 있어야 하기 때문이다.

예를 들어 원자력발전소 사고의 복구 현장, 화학 공장의 대규모 사고 현장 등에 들어가 인간 대신 일할 수 있는 로봇의 경우가 그렇다. 물론 완전한 실용화까지는 아직 갈 길이 멀어 보이지만 지속적인 연구를 통해 성능을 높여 나가고 있다.

웨어러블 로봇도 마찬가지인데 이 경우 두 가지 목적을 가지고 개발된다. 첫째는 군사용, 둘째는 보행 보조용이다. 군사용은 건강한 군인들이 무거운 포탄 등을 나를 때 도움이 되기 위한 목적이 강하며, 보행 보조용은 힘이 약한 노인이나 하체 마비 장애인 등을 위해 연구되고 있다. 쾌적한 인간 생활을 위해서 반드시 연구되어야 하는 기술 중 하나일 것이다.

로봇이 주위를 완전히 인식하고 자율적으로 판단해 임무를 수행하려면 아직 많은 연구가 필요하다. 그러나 AI의 상용화 체계가 잡혀 가면서, 이를 로봇에 적용하는 것은 그리 어렵지 않게 됐다. AI

와 로봇이 만나며 눈앞의 세상을 생동감 있게 바꿔 나가는 일도 얼마 남지 않은 셈이다.

로봇과 AI를 연결하는 신경, 통신 기술

AI와 로봇을 이야기하면서 또 한가지 빼놓아서는 안 될 것이 하나 있다. 앞서 로봇과 AI를 연결해야만 미래 사회, 즉 4차 산업혁명의 핵심 기본 조건이 완성된다고 볼 수 있다고 이야기했는데, 그렇다면 로봇과 AI를 연결할 어떠한 수단이 필요하다는 이야기가 된다. 이 말은 기계 장치의 신경이라고 부를 수 있는 '통신 기술'의 중요성이 앞으로 점점 더 높아져 갈 수밖에 없다는 뜻이 된다.

통신이라고 하면 흔히 사람과 사람 간의 커뮤니케이션 수단을 생각하는 경우가 많다. 사람끼리 전화를 주고받거나, e메일을 보내고 받는 것을 떠올리는 경우가 대부분이다. 물론 이런 분야가 통신 기술을 이용한 대표적인 사례지만, 이제는 시대가 바뀌면서 컴퓨터 또는 기계 장치 간의 통신이 한층 더 중요해지고 있다.

이런 점은 사실 조금만 생각해 보면 쉽게 알 수 있는 일이다. 기계 장치 간에 서로 통신이 불가능해진다면 로봇의 두뇌에서 보낸 생각이 팔과 다리로 전달될 수 없다. 즉 컴퓨터 시스템을 이용해 모터나 그 밖에 여러 가지 구동 장치를 제어해 사람이 의도한 대로 기계 장치를 움직이는 기술, 즉 로봇 기술 발전의 이면에는 통신 기술이 막중한 위치를 차지할 수밖에 없다.

여기서 한발 더 나아간다면 여러 대의 로봇끼리 서로 통신을 하며 움직이는 '군집 로봇' 등은 통신 기술이 내부 제어 시스템보다 중요하다. 혼자 움직이는 로봇이라도 주위의 여러 기계 장치와 통신하지 못하면 원활히 움직이기 어렵게 된다. 로봇이 자신에게 필요한 정보를 내려받을 때도 언제든지 쓰일 수 있다. 즉 로봇에게 일을 시키건, 로봇이 일하는 도중이건, 로봇이 일을 다 하고 그 결과를 보고하는 과정이건, 무조건 통신 기술은 필수로 들어간다는 의미이다.

물론 이런 통신 기술은 지금까지 나와 있는 기술로 충분하다고 생각할 수도 있다. 컴퓨터와 컴퓨터, 혹은 컴퓨터에 연결된 주변기기, 그리고 컴퓨터의 명령을 받아 움직이는 기계 장치 등을 연결하는 통신 기능은 지금도 많은 것들이 개발돼 있기 때문이다. 대표적인 것으로 인터넷 유선 케이블(UTP)로 서로 연결하기도 하고, 무선 인터넷(Wifi)을 이용하기도 한다. 또 근거리 무선 연결 기술로 블루투스, 지그비니 등의 기술이 대단히 많이 개발돼 쓰이고 있다.

이 밖에도 유니버설 시리얼 버스(USB) 포트는 이미 누구나 사용하는 범용 통신 기술이다. 화면을 모니터로 송출하기 위한 기술도 HDMI나 DVI, 디스플레이 포트(DP)도 존재한다. 컴퓨터 본체 내부에서 하드 디스크 드라이브(HDD) 혹은 '솔리드 스테이트 드라이브

(SSD)를 연결하기 위한 'SATA'라는 연결 방식도 쓰인다.

사실 컴퓨터를 비롯해 정밀한 기계 장치 한두 대만 꼼꼼히 분석해 보면, 거기에 쓰이고 있는 각종 통신 규약만 수십 가지 이상이 존재한다는 사실을 알 수 있다. 하지만 이렇게 통신 기술이 많이 존재하지만, 여전히 원하는 성능을 100% 구현할 수 있다고 생각하긴 어렵다. 어떤 기술은 혼선이 잦고, 어떤 기술은 속도가 느리며, 어떤 기술은 사람이 매번 어디에 연결될지를 지정해 주지 않으면 오작동을 일으킨다.

휴대전화를 쓰다가 이상하게 데이터 통신이 되지 않아 살펴보면 엉뚱한 무선인터넷(WIFI)에 연결을 시도하고 있어서 통신이 되지 않고 있는 경우 등을 적지 않게 보았을 것이다. 통신이 원활하지 않다면, 예를 들어 AI의 명령을 받아 길을 찾아가고 있던 이동형 로봇이 인공위성위치확인시스템(GPS)과 전파통신이 불가능해지면 어떻게 될까. 아무리 똑똑한 AI를 설치해 두었다고 해도 임무 수행이 불가능해질 것이다.

또 한가지 잊지 말아야 할 것이 사물인터넷(Internet of Things) 기술이다. 즉 지금까지 컴퓨터라고 생각하지도 않던 장치들을 인터넷 연결망 속으로 끌어들이는 기술이다. 이 기술을 이용하면 전구 속에 작은 스마트칩을 넣어 인터넷망에 속한 하나의 기기로 인식시킬 수 있다. 이렇게 하면 집 밖에서도 각종 가전제품을 켜고 끌 수 있다. 매우 간단한 사례지만 만약 이 사물인터넷 시스템 속에 로봇이 들어가 있다고 가정해 보자. 우리는 세계 어디에 있든 집에 있는 로봇 시스템을 켜고 끄거나 조종할 수 있으며, 그 로봇을 제어하는 AI에 명령을 내려 집안 관리를 시킬 수도 있게 된다.

한발 더 나아가 생각해 보자. 현재는 이처럼 가전기기 등 큰 장치를 중심으로 사물인터넷이 쓰이기 시작하는 단계이다. 그러나 여기서 더 발전한다면 평소에 도저히 전자제품이라고 생각지 않던 물건까지 네트워크로 묶을 수 있게 된다. 예를 들어 집 안에 있던 의자, 책상, 연필이나 안경 등이 모두 전자제품화 되는 것이다. 침대가 건강 관리 기능을 갖게 되고, 칫솔조차 이 닦는 습관을 체크해 주는 도구가 될 수 있으며, 휴지통은 분리수거를 제대로 했는지를 확인해 주는 장치로 거듭날 수 있다.

이렇게 하면 얼마나 많은 비용이 들어갈 거냐고 생각할 수 있지만 작은 센서 한두 개씩만 붙이면 가능한 문제이므로 의외로 비용은 문제가 되지 않는다. 관건은 이런 장치들을 하나로 묶어 통제할 통신 시스템의 발전이다. 주인이 집에 도착할 시간이 거의 다 되면 자동차가 집으로 신호를 보내 주고, 창문은 자동으로 환기를 시작하고, 조명 장치가 오늘 날씨에 알맞게 조도를 조정해 주며, 보일러 및 가습기가 집안의 습도와 온도를 최적으로 조절해 주는 세상도 그리 멀지 않았다. 즉 다양한 통신 기술만 확보된다면 여러 기기간의 거리는 문제가 되지 않는다. 쉽게 말해 이런 시스템이 완성된다면, 집 전체가 주인을 위해 생각하고 움직이는 하나의 로봇처럼 동작하게 된다.

　사람들은 흔히 '컴퓨터'를 만드는 기술이 전자공학, 즉 정밀한 전자부품소재 기술의 응용일 뿐이라고 생각하는 경향이 있다. 분명 컴퓨터의 몸체, 즉 하드웨어만 두고 볼 때는 분명 사실이다. 하지만 큰 구분을 두어 응용 기술을 생각할 때 컴퓨터는 '정보화 기기'의 대표적 발명품 중 하나로 볼 수 있다. 정보를 만들고, 가공하고, 저장하고, 다른 곳과 연결해 전송하는 일련의 과정을 처리하는 고도의 통신장비라는 것이다. 앞으로 더 미래가 온다면, 즉 컴퓨터 스스로 자율적으로 업무를 처리하는 AI 시대가 온다면 이런 통신 기능이 한층 더 중요해지는 것은 자명한 일이다. 즉 이런 기술적 숙제를 넘어야만 4차 산업혁명이 완성될 수 있다고 볼 수 있다. AI와 로봇, 즉 4차 산업혁명의 기본 조건을 충분히 이해하려는 사람은 통신 기술을 직접 공부하지는 못하더라도 그 중요성만큼은 십분 이해해 둘 필요가 반드시 있다. 미래 사회의 중요 직군 중 하나로 통신 기술 전문가가 주목 받을 수밖에 없는 건 바로 이런 이유에서다.

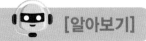 **[알아보기]** **AI가 인간에게 반항할 수 있을까**

현재 '자아'를 갖고 있는 AI, 이른바 강한 인공지능(강인공지능)은 찾아볼 수 없다. 그러나 '강인공지능도 언젠가는 등장하지 않겠느냐'는 질문에는 '그럴 가능성이 있다'고 답할 수 있다. 사람의 몸 역시 유기조직으로 이뤄져 있는 하나의 정교한 장치인 만큼, 기계 장치를 통해 이런 시스템을 모사할 수 없다는 근거는 어디에도 없기 때문이다.

AI에 대해 사람들이 흔히 하는 착각 중 하나가 "어느 날 어떤 천재가 컴퓨터 소프트웨어를 잘 개발하기만 하면, 흔히 볼 수 있는 고성능 컴퓨터도 사람처럼 생각할 수 있지 않을까?"라고 생각하는 것이다. 얼핏 생각하면 그럴듯해 보이고, 이런 식의 묘사를 통해 영화나 만화 등의 줄거리로 삼는 경우도 아주 많다. 하지만 조금만 더 생각해 보면 근본부터 잘못된 생각임을 알 수 있다.

AI가 인간에게 반항한다는 우려는 영화나 소설의 단골 소재로 이미 반세기 전부터 있었다. 1968년 개봉했던 영화 '2001 스페이스 오디세이'는 컴퓨터 HAL-9000과 인간 사이의 갈등을 다뤘다. 하지만 2022년인 지금도 AI가 인간 같은 자아를 갖길 우려하는 건 어불성설이다. 인간의 두뇌를 컴퓨터 속에 시뮬레이션할 여지는 남아 있지만 아직 인간의 의식이 어떻게 생겨나는지는 그 원리가 규명돼 있지 않다.

사람의 두뇌는 생각하는 기능을 가지고 태어났으며, 날 때부터 그에 최적화된 구조로 되어 있다. 수만 년 동안 진화하며 가다듬어진, 인간만이 가지고 있는 신경 시스템이다. 인간이 왜 수준 높은 자아와 이성을 가졌는지, 그 근원적 원인은 아직도 과학계에서 충분히 규명되지 않고 있다. 냄새를 맡거나 촉각을 느끼게 하는 등의 기능이 뇌의 어느 부위에서 담당하는지 등은 지속적인 해부학 연구를 통해 어느 정도 밝혀져 있는데, 사실 뇌세포라는 것은 상호 보완적이라 이 역시 딱 꼬집어 말하기 어렵다.

어떤 경우 뇌의 일부분이 결손된 사람도 다른 뇌세포에서 그 기능을 담당해 정상적으로 생활한다. 수두증 같은 것에 걸린 경우 뇌의 20~30%만 남아 있는 사람도 있는데, 정상적인 지능을 유지하고 있는 경우도 많다. 그런데 아무런 외상도 없고 뇌 기능 자체도 모든 검사에서 큰 문제가 없는데 식물인간 상태로 숨을 이어가고 있는 일도 있는 등, 인간의 뇌는 도무지 이해할 수 없는 현상으로 가득하다.

이처럼 복잡한 신경계의 비밀 그 자체를 풀어내야만 비로소 인간의 뇌를 이해했다고 할 수 있는데, 현 수준에서는 인간 두뇌의 비밀을 거기까지 밝혀낼 수 있을지조차 의문스럽다. 컴퓨터 시스템을 통해 이런 뇌의 기능 일부분을 흉내 내려는 노력은 수십 년간 계속

돼 왔지만, 어디까지나 기능의 일부분이라는 점은 반드시 알아두어
야 한다.

●두뇌의 비밀 밝혀진 미래라면?

지속적인 뇌 과학 연구로 인간이 자아를 갖는 비밀이 밝혀진 이
후라면 어떨까. 그렇다면 다소의 희망(?)이 생기는데, 그나마 현실
적인 방법으로 가상의 인공두뇌를 고성능 컴퓨터 속에 그대로 시뮬
레이션 하는 것이다. 스위스 로잔공대 등이 실험적으로 연구한 바
있다.

그러나 실제로 이 방법으로도 완전히 인간의 뇌와 같은 복잡한
시스템을 완전히 모사하는 것은 사실상 불가능하다고 단언할 수 있
다. 완전한 시뮬레이션이란 있을 수 없기 때문이다.

예를 들어 게임 속 가상현실 공간을 생각해 보자. 얼핏 보기엔 현
실과 비슷해 보이도록 만들어 두었지만, 막상 제대로 비교해 보면
비교조차 불가능할 정도로 다르다는 사실을 알 수 있다. 가상현실
공간의 땅바닥은 색과 지면의 굴곡 정도가 묘사된 정도지만, 현실
세계에선 돌과 흙, 모래 알갱이와 수분, 각종 유기물, 콘크리트나
시멘트 등이 무한히 섞여 있고, 강도나 마찰력 등도 모든 위치에서
다 다르다. 그것들을 분석해 낸 다음 완벽하게 계산해 내야만 겨우

땅바닥 일부분만을 시뮬레이션할 수 있게 되는 것이다.

그렇다면 벽은? 천장은? 각종 가구는? 자동차는 어떻게 할까? 잔디와 초목은? 눈앞의 인간은? 이런 사례로 볼 때 디지털 방식의 완전한 인공두뇌는 존재하는 것이 거의 불가능하다. 만일 시도해 본다고 해도 거의 무한에 가까운 컴퓨터 자원이 필요할 것이다. 다만 이 기법을 이용해 두뇌의 핵심적인 일부 기능만을 묘사할 수는 있을 텐데, 그 역시 새로운 AI 개발 방법이 될 것이다.

따라서 진정한 강인공지능을 개발하려면 지금까지와는 전혀 다른 새로운 방법이어야만 가능성이 있다고 이야기할 수 있다. 인간의 신경 체계와 같이 내부 네트워크를 따라 세포 하나가 정보를 주고받는 체계여야 하는데, 현재 인간이 가진 기술 중에는 '양자컴퓨터'가 가장 유력하다고 이야기할 수 있다. 또는 살아있는 세포를 활용한 유기물 컴퓨터 등도 생각할 수도 있다. 물론 그 외에 또 다른, 우리가 지금껏 알지 못하는 전혀 새로운 원리의 시스템이 등장할지도 모르는 일이다.

인간에 필적하는 높은 수준의 강인공지능의 출현은, 아직 인류의 지식 밖에 있는 문제라 누구도 답을 알 수 없으며, 일부분이라도 가능하다고 이야기하는 경우는 그 정보의 출처를 정확히 확인하고 신뢰성을 검증해 보아야 한다. 하물며 '영화에서 봤는데' 같은 이야기는 현실적 판단에 조금도 도움이 되지 않는 것은 널리 알려진 사실이다.

● 자아를 가진 AI는 정말로 위험할까

이런 모든 문제를 해결하고 사람들이 강인공지능을 마침내 개발했다고 가정해 보자. 왜 우리 인간들이 AI를 두려워해야 할까? 무작정 인간을 공격하는 악한 존재가 된다고 생각할 이유는 사실 어디에도 없다. 지능을 가지고 있는 다른 동물은 모두 다 위험한가? 사실 유인원이나 돌고래 등 고등한 동물은, 다른 동물에 비해 우리 인간에게 비교적 더 안전한 편이다.

현재 사람이 만날 수 있는 가장 지능이 뛰어난 개체는 아마도 다른 사람일 것이다. 이 경우는 그 어떤 다른 동물과도 비교할 수 없을 정도로 안전하다. 경우에 따라 공격적이거나 위험한 사람이 있지만, 대부분의 사람은 다른 동물에 비해 안전하다고 이야기할 수 있다. 그렇다면 인간처럼 자아를 갖고 있는 AI는 그 위험성이 확률적으로 매우 낮다고 기대할 수 있지 않을까?

더구나 인간이 만들어낸 AI를 인간이 통제할 수 없다고 생각하는 것도 다소 어폐가 있는 생각이다. 인간이 만든 AI라면 처음부터 인간을 따르도록 만들어져 있을 가능성이 매우 높기 때문이다.

예를 들어 훈련을 받은 큰 체구의 투견이 있다고 하자. 이 투견을 완력으로 이길 수 있는 인간은 몇 되지 않을 것이다. 사실 인간사회에 대단히 위험한 존재일 수 있다. 하지만 이렇게 무서운 투견도 자기 주인에게 반항하는 경우는 거의 없으며, 심지어 주인을 두려워하며 따른다.

힘으로 상대하면 얼마든지 이길 수 있는 인간의 명령을, 자기의 주인이라고만 각인되면 비록 어린아이라도 따르는 것이다. 종(種)의 특성상 주인에게 충성하는 성격이 강하기 때문이다. 그러므로 인간은 개를 키울 수 있고, 개의 행동을 통제할 수 있으며 개와 함께 살아갈 수 있다. 드물게 사고가 발생하긴 하지만 애써 개라는 종을 인간의 생활 속에서 배제할 정도는 되지 않는다.

AI 역시 마찬가지로 원칙을 적용할 수 있다. AI 라면 개발 과정에서 가장 먼저 기본적인 규칙을 심어두어 인간사회에 안전하도록 만드는 것이다.

대표적인 사례가 '로봇 3원칙'일 것이다. ▲인간을 해쳐서는 안 되고 ▲인간의 명령에 복종해야 하며 ▲스스로 파괴되지 않도록 지켜야 한다. 사실 이런 규칙 자체가 '언젠가는 강인공지능이 등장할 것'을 상정하고 고민된 것들이다.

로봇 3원칙은 소설가 '아이작 아시모프'의 작품에 처음 등장하는데, 그의 작품을 보면 인간처럼 자아를 가진 AI 로봇이 좌충우돌 사고를 벌이는 모습을 그리고 있는 경우가 많다.

이 밖에 ▲인간을 해쳐서는 안 되고 ▲다른 로봇(AI 기계 장치)을 고치거나 새로 만들어선 안 된다는 2대 프로토콜도 최근 주목받는 개념이다. 인간의 지배를 받지 않는 AI를, 인간의 허락 없이 새롭게 만드는 것을 미리 방지하자는 것이다.

● 자아를 가진 AI, 어떻게 대우해야 할까

마지막으로 고민해야 할 것으로 윤리적 문제가 남는다. 인간의 명령을 충실히 따르는, 강인공지능을 우리는 어떻게 받아들여야 할까. AI는 인간이 만든 것이며, 기계 장치 안에서 생각하고 판단한다. 즉 인간은 강인공지능을 철저히 피조물로 보고, 그 AI 권리 따위는 인정할 필요가 없다고 주장하는 경우가 있다.

한편 그 반대로 생각하는 사람들도 있다. 자아를 가지고 있다는 말은 스스로 생각을 한다는 뜻이며, 따라서 그 자아가 비록 인공적인 것이라고 하더라도 나름의 권리를 존중할 필요가 있다는 주장이다. 물론 두 가지 방법을 적당히 상황에 맞게 적용하는 절충형도 있을 것이다. 인간이 강인공지능을 개발해 낸다면 그런 AI와 함께 살아가야 하고, 그 문제를 법률과 제도로 정해야 할 필요가 생기는 것이다. 그 과정에서 우리는 사회적 합의를 거칠 필요가 있다.

현재 이 문제에 대해 국가적으로 고민한 적이 있는 곳은 유럽연합(EU)이다. EU의 경우 강인공지능을 어떻게 대우할지를 의회를 통해 제도를 만들었는데, 당장 강인공지능이 태어날 것을 대비한다기보다 미리부터 기본 제도를 준비하고 과학과 기술의 발달에 맞춰 그 제도를 다듬어 나갈 기반을 마련했다고 볼 수 있다.

EU는 강인공지능을 탑재한 로봇을 '전자인간'으로 규정했다. 즉 인간보다는 못하더라도 그 나름의 권리를 갖는 존재로 대우해야 한다는 절충형을 선택한 것이다. 전자인간은 로봇 3원칙에 따라 만들어져야 하고, 만일의 상황에 대비해 긴급 정지 장치가 달려 있어야 한다. 즉 인간에게 종속된 존재임은 명백하다. 그 밖의 세세한 정의, 예를 들어 참정권이 있는지, 금융거래가 가능한지, 독립 재산을 만들 수 있는지 등의 규정은 아직 논의된 바 없다.

우리 인류는 이와 비슷한 제도를 과거에도 운영한 바 있다. 그렇다. '노예' 제도다. 노예는 각 소유주의 재산으로 등록됐으며, 인권을 인정받지 못했던 존재다. 그러나 다른 동물에 비해서는 더 높은 나름의 권한을 가질 필요가 있었다. 예를 들어 심부름을 가려면 주인의 맡긴 돈과 물건을 바꾸어 올 수 있는 상거래 권한이 있어야 한다.

인간에 대한 노예 제도는 인권을 침해한다는 점에서 마땅히 폐지되는 것이 마땅하고, 실제로 현시대에 노예 제도가 남은 국가는 거의 없다. 그러나 AI가 가진 자아를 노예로 정의하는 것에는 훨씬 거부감이 적을 것으로 보여, 많은 국가가 EU와 비슷한 형태의 시스템을 준비할 것으로 보인다.

이런 논의는 EU의 사례처럼 최근 들어 하나씩 검토되고 있으나 아직 명확하게 정해진 것은 아무것도 없다. 그러니 미래는 우리가 만들어 가야 한다. 다만 한 가지 확실한 것은, 이런 제도가 실제로 시행되는 날은 우리가 가늠하기 힘들 정도의 먼 미래가 될 것이라는 사실이다.

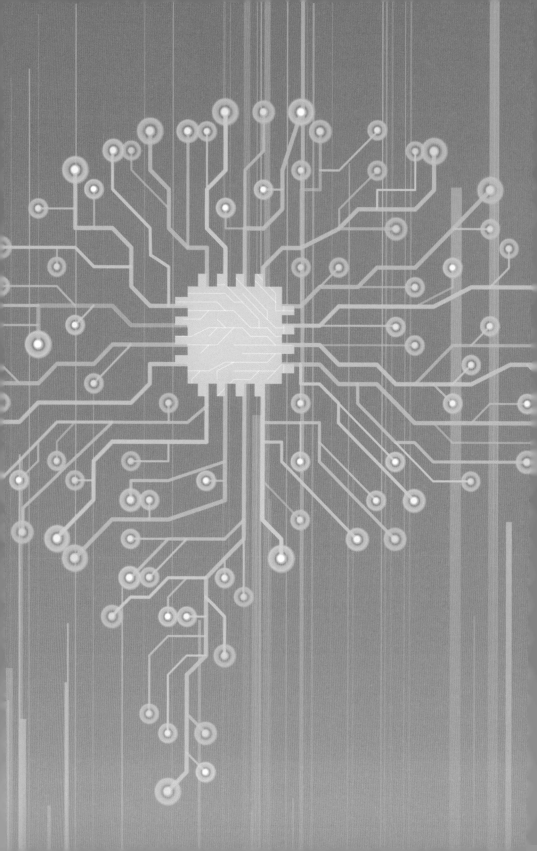

②

AI 시대
직장인의
가치

인공지능과 로봇이 보편화 된 세상, 이미 현실이 된 이 변화 앞을 가로막는 것은 '신문명'에 대한 인간들의 우려다. 이는 과거를 돌아보면 쉽게 알 수 있다. 이런 우려는 이름만 바뀌며 수십 년, 아니 수백 년 동안 우리 인류의 발목을 끊임없이 잡아 왔다.

19세기 초반, 1811년에서 1816년 영국에서 있었던 기계 반대 폭동 '러다이트 운동'으로부터 시작해 지금은 인터넷 뉴스 검색 한두 번으로 'AI의 등장으로 일자리 몇만 개 사라진다'는 이야기를, 원하는 만큼 몇 개건 찾아볼 수 있을 만큼 식상한 이야기가 됐다.

실제로 이런 통계 중심의 뉴스가 수두룩한데 상당수는 읽는 이들의 불안감을 자극해 시선을 끌기 위한 노력에서 기인한다. 그러나 막상 '사라지는 일자리'에만 주목할 뿐, 새롭게 도입되는 일자리, 그리고 사회 전체에 가져올 경제적 효과 등과 동등하게 비교하는 경우는 보지 못했다.

2021년 11월 한국고용정보원은 앞으로 사라질 일자리 144선을 공개했는데, 그 상위 10개 직군은 다음과 같다.

순위	직군
①	음식 관련 단순 종사자
②	환경미화원
③	하역 및 적재 단순 종사자
④	식음료 서비스 종사자
⑤	농림 · 어업 관련 단순 종사자
⑥	식품 가공 관련 기계 조작원
⑦	관리원 및 검표원
⑧	물품 이동 장비 조작원
⑨	배달원
⑩	작물 재배 종사자

얼핏 보아도 단순 작업 형태 및 파트타이머 방식의 업무가 우선하여 제한받는다는 사실을 알 수 있다. 이런 업종은 앞으로 점점 더 많아질 것이다. 앞으로 시간이 흐르면 흐를수록, 점점 더 잠식해 올 인공지능과 로봇으로 인해 현재 우리가 알고 있는 직업 중 상당수는 잠식된다고 보아도 문제가 없다. 사실 이런 복잡한 예측이 아니더라도 자본을 투입하고 사업을 유지하는 입장에선 자동화, 자율화로 대체할 수 있는 인력은 정리해 비용을 절감하고 효율을 높이려 들 것이다.

급변하는 직업 사회, 우리 사회는 어떤 변화를 맞게 될까. 우리가 지금 하는 일은 10년 후, 20년 후에도 그대로 있을까. 그렇다면 우리는 어떤 준비를 해야 할까.

 사람마다 다른 이야기를 하는 이유

몇 년 전만 해도 "도무지 '4차 산업혁명'이란 말의 실체를 알기 어렵다, 존재하지도 않는 공염불 같은 이야기를 가지고 왜 이렇게 많은 사람이 열광하는지 알기 어렵다"는 이야기를 자주 본 적이 있다. 이런 말을 들을 때마다 한편으로 정확한 지적이라고 생각하면서도 한편으로는 아쉽다는 생각을 하곤 했는데, 그도 그럴 것이 실체가 없는 것은 사실 당연하기 때문이다.

4차 산업혁명이 실체가 없다면, 1차 산업혁명이나 2차(전기혁명), 3차(정보화혁명) 산업혁명의 실체는 알 수 있을까. 증기기관이 1차 산업혁명의 실체는 아니다. 1차 산업혁명의 진정한 의미는 '인공동력'의 확보에 있다. 사람이 내연기관을 손에 넣게 되면서 그동안 상상 속에서나 가능했던 일이 현실이 되기 시작했다. 말을 타고 다니던 사람이 기차를 타고 다니게 됐고, 수공업으로 일하던 공장에선 생산라인이 설치되기 시작했다. 이런 거대한 기술의 흐름에 실체를 꼬집어 이야기하기는 어렵다. 전기혁명은 더 심하다. 전기에 실체가 있을 리 없다. 정보화혁명도 마찬가지이다. 4차 산업혁명 역시 '실체가 뭐냐'는 질문은 적합하지 않다.

기술의 발전은 흐름이 있다. 4차 산업혁명은 1, 2, 3차 산업혁명이 있기에 존재할 수 있는 개념이다. 산업혁명의 기준을 네 단계로 나누는 기준은 다음과 같다. 1차 산업혁명은 '증기기관'의 출현이다. 당시 그 변화는 실로 혁명적이었다. 사람이 인공 동력을 처음으로 손에 넣었기 때문이다. 그 이전에는 '일'을 하려면 사람이 수작업으로 해야만 했고, 그나마 형편이 나은 경우가 소나 말을 길들여 농업 등에 활용하는 것이 대부분이었다. 드물게 풍차나 물레방아 등을 사용하는 경우도 있었지만 그 활용은 매우 제한적이었다.

하지만 증기기관이 등장하면서 이야기는 전혀 달라지기 시작했다. 공장 한가운데 설치해 두면 회전축이 돌아가면서 큰 힘을 빌려쓸 수 있었다. 여기에 여러 가지 기계 장치를 연결해 실을 짜고, 옷감을 짓고, 나무와 금속을 깎았다. 산업의 기반이 만들어진 것이다. 열차에 올려둔 증기기관은 먼 거리를 앉아서 여행할 수 있게 만들어 줬다. 대규모 수송이 가능한 값싼 대중교통이 출현한 순간이었다. 이는 당연히 물류의 혁명으로 이어졌다.

이런 1차 산업혁명은 또 다른 혁명으로 이어졌다. 증기기관의 원리는 물을 끓여 수증기가 되면서 부피가 늘어날 때 생기는 압력을 이용하는 것이다. 사람들은 이 원리를 그대로 채용해 '발전기'를 만들어내는 데 성공했다. 전기의 존재를 알아낸 인류는 증기기관을 그대로 발전기로 만든 것이다. 이 '물을 끓여 수증기를 만드는' 방식의 발전기는 21세기가 된 지금도 그대로 쓰인다. 최신의 원자력 발전소에서도 물을 끓이는 열원이 원자력으로 바뀌었을 뿐, 전기를 만드는 발전기 자체는 여전히 물을 끓여 전기를 만드는 방식이 주를 이룬다.

이렇게 사람들은 전기를 만들어 세상에 공급하기 시작했다. 여기서 2차 산업혁명, 즉 이른바 전기혁명이 시작됐다. 전기가 있으니 전파가 생겨났고, 라디오와 TV 방송국도 생겨나기 시작했다. 여기서 대중문화가 태어났다. 공장에선 힘들여 증기기관을 설치하지 않고 전기모터로 동력을 얻기 시작했다. 생산이 용이해지면서 많은 제품이 쏟아져 나오기 시작했다. 2차 산업혁명을 대량생산 혁명이라고도 부르는 이유는 이 때문이다.

전기제어 기술을 고도로 다듬기 시작한 인간은 마침내 컴퓨터를 개발하기에 이른다. 이른바 3차 산업혁명시대의 시작이었다. 컴퓨터끼리 연결해 네트워크를 만들기 시작했고, 인터넷이 태어났다. 무선으로 인터넷을 사용할 수 있게 되면서 손바닥에 든 작은 컴퓨터(스마트폰)로도 인터넷을 사용할 수 있게 됐다. 글자나 서류나 음악, 영상 등을 각종 데이터를 통신망에 실어 주고받을 수 있게 되면서, 인터넷과 관련된 문화와 산업이 생겨났다. 애플과 구글로 대표되는, 인터넷을 기반으로 사업을 벌이는 기업들이 세계에서 손가락에 꼽는 기업으로 성장하기도 했다. 그리고 고도로 발전한 컴퓨터 기술은 또 다른 혁명을 준비하기 시작한다. 그것이 이른바 'AI'의 출현이다. 우리는 이 변화를 4차 산업혁명이라고 부른다.

4차 산업혁명이라는 말 그 자체는 독일에서 시작된 '인더스트리 4.0'에서 그 뿌리를 찾고 있다. 산업 강국으로서 자부심을 품고 있던 독일은 다른 제조국가들의 장점인 저렴한 인건비나 신속한 생산 체제 등을 이길 수 있는 비결을 찾기 시작했다. 독일은 이 비결을 정보통신 기술(ICT)과의 융합에서 찾으려 노력했고, 그 결과 인더스트리 4.0이란 전략이 탄생했다. 이 개념은 '4차 산업혁명'이라는 시대적 흐름의 토대가 됐다. 이 흐름은 미래의 생산 시스템 전반에 대한 변화를 뜻한다.

그렇더라도 실체(라기보다 상징적인 물건)를 하나 찾아내 보자. 1차 산업혁명은 증기기관, 2차 산업혁명은 전구, 3차 산업혁명은 컴퓨터가 상징적인 물건이었다. 이 때문에 1, 2, 3차 산업혁명을 가지고선 '실체가 없다'는 지적은 잘 나오지 않았던 것 같다. 하지만 4차 산업혁명은 한편으로 AI 혁명이기도 하다. 애초에 소프트웨어 혁명이라 이런 상징성 있는 물건을 찾기 어려운데, 이는 단면만을 보기 때문에 생기는 이야기다. 소프트웨어를 볼 수 없다면, 소프트웨어가 탑재돼서 움직이는 하드웨어를 보면 된다.

4차 산업혁명을 상징할 만한, AI가 탑재돼 움직이는 상징적 물건은 뭐가 있을까. 사람마다 여러가지를 생각할 수 있겠지만, 개인적인 견해로는 '로봇'이 가장 적합할 것이다. 기존 3차 산업에서 쓰이던 로봇에서 벗어난 새로운 시대에 적합한 로봇이 사회 곳곳에서 큰 폭의 사회 변화를 가져올 것이 확실하기 때문이다. 일상생활에선 서비스 로봇이 생활을 바꾸고, 유통 및 농업 현장에서도 이동형 로봇이 급속도로 보급되고 있다. 드론도 한 몫 거들고 있다. 사람이 탈 수 있는 초대형 드론 '에어택시'는 이미 상용화를 준비 중이다. 산업 현장에서 볼 수 있는 혁신은 '협동로봇'의 등장일 것이다. 공장 생산이 맞이한 4차 산업혁명의 상징과도 같은 물건으로 보아도 큰 무리는 없을 것이다. 이 때문에 4차 산업혁명을 '로봇혁명'이라고 부르는 사람도 적지 않다. 사실 '4차 산업혁명이 도대체 뭐냐'고 물어보면 제대로 답을 해 주는 사람은 그리 많지 않다. 물어보는 사람마다 이야기가 다르고, 전문가마다 시각이 갈린다.

그 까닭은 AI의 출현과 로봇시스템의 융합이 가져오는 사회적 변화 그 자체를 설명하기 때문이다. 자신의 전문 분야에 맞춰 기술의 흐름을 설명하려고 하기 때문이다.

AI 전문가는 '4차 산업혁명의 촉발이 AI에서 시작됐다'고 하고, 이 말은 사실이다. 그런데 로봇 분야 전문가는 또 '4차 산업혁명은 로봇을 **빼고** 생각할 수 없다'고 이야기한다. 이 말도 틀림없는 사실일 것이다. 또 정보통신 분야 전문가들은 '2차 정보화혁명'이라는 말로 4차 산업혁명이 기존 3차 산업혁명의 연장선에 있는 것처럼 해석한다. 그들의 해석 역시 일리가 있다.

이런 식으로 나가다 보면 얼핏 4차 산업혁명과 전혀 관계없어 보이는 분야에서조차 자신들이 혁신의 중심이라고 주장하는 것을 볼 수 있게 되는데, 사실 그들이 시각에는 그 말조차 사실이다. 일례로 생명과학 분야는 어떨까.

AI를 써서 단백질 구조 해석이 가능하게 된 생명과학은 과거에는 생각하기 어려운 속도의 연구 개발이 가능해졌는데 이런 성과가 사회에 가지고 올 파급력은 이루 말할 수 없을 정도이다. 그들이 생명과학을 4차 산업혁명의 핵심 분야라고 생각하는 것도 충분히 이해가 가는 일이다.

문제는 어느 분야가 핵심이라기보다, 이런 사회 여러 분야가 합쳐져서 만들어내는 우리 사회의 큰 변화를 보아야 한다. 이는 특정 분야 전문가로서는 놓치기 쉬운 부분이기도 하다. 반드시 알아두어야 할 것은 앞서 이야기한 대로 4차 산업혁명은 AI의 등장과 로봇 기술의 융합으로 촉발되었다는 점, 그것이 사회 전체에 이루 말할 수 없는 큰 변혁을 가지고 오고 있다는 점이다. 어느 분야가 더 큰 결실을 얻고, 어느 분야가 사회 변화의 주도적 역할을 맡을지는 두고 보아야 할 문제일 뿐이다.

200년 전 그들도 변화를 두려워했다

　기술의 발전은 필연적으로 시대의 변화를 끌어낸다. 이 시대적 흐름을 편승하느냐, 하지 않느냐는 전적으로 자신의 선택이지만, 변화 그 자체를 두려워할 필요가 있느냐에 대해선 이론의 여지가 없다. 과거의 방식으로 살아가더라도, 현대 사회의 흐름을 이해하지 못하고서는 현대 사회의 구성원으로서 살아갈 수 없기 때문이다.

　AI와 로봇, 이 두 가지를 우려의 시각으로 바라보는 것은 크게 두 종류다. 하나는 'AI와 로봇이 언젠가 인간을 공격하고 지배하려 들 것'이라는 막연한 우려를 나타내는 경우, 그리고 또 하나는 '인간의 일자리를 빼앗아가 실업률이 높아질 것'이라는 우려다.

　사실 전자의 경우는 막상 눈앞에 닥친 걱정이 아니니, 직장인의 처지에선 현실적으로 일자리에 대한 우려가 더 피부에 와 닿는 것 같다. 그도 그럴 것이 AI가 인간을 공격하려는 문제는 어디까지나 '먼 미래에 대한 것'이다. 막상 이런 사람들에게 물어보면 막연히 '꺼림칙하다'라고 답할 뿐, 당장 현실 생활 속에서 AI 로봇이 인간을 공격할 거라고 '진짜로' 철석같이 믿고 있는 경우는 그리 많지 않다. 정말로 그런 일이 일어날 거라 걱정한다면 적극적으로 거기에 대비하는 모습을 보여야 하는데, 그저 우려만 나타낼 뿐, 실제로 소비자 입장이 되면 그들 역시 더 성능이 뛰어난 AI가 탑재돼 사용하기 편리한 제품을 구매하는 것을 마다하지 않는다. 그편이 이익이라는 걸 자신도 알고 가장 합리적인 판단을 하는 것이다.

하지만 일자리 문제는 이야기가 다르다. 최신 AI는 학습 능력이 있다. 특정 분야에선 충분한 학습을 거치면 창의성까지 발휘해 판단한다. 최근엔 바둑은 물론이고 심리전이 필요한 포커게임에서도 인간보다 뛰어나다. 심지어 의료 영역에서도 활약한다. IBM이 개발한 AI '왓슨'은 수많은 진단 기록을 참고해 가장 가능성이 큰 치료법을 제안한다.

이런 시스템의 변화는 우려를 낳고 실제로 피해를 낳기도 한다. AI의 출현이나 로봇 시스템의 도입, 그 자체를 꺼리는 사람들을 드물게, 아니 상당히 높은 빈도로 볼 수 있는데 드물게 개인적인 우려를 넘어서서 이런 시스템의 도입 그 자체를 반대하는 경우는 적지 않게 볼 수 있다. 이해 당사자인 경우는 매우 극단적인 반대를 서슴지 않게 된다.

단적인 예는 3차 산업혁명 기술의 끝판왕 격인 '모빌리티 서비스', 이른바 '우버'나 동남아의 '그랩'과 같은 차량 공유 서비스에서 찾아볼 수 있다. 스마트폰을 이용해 승객으로부터 위치 정보를 받은 운전자가 자신의 승용차를 몰고 가서 승객을 태워 주고 요금을 받는 서비스다. 당연히 이 서비스는 기존의 택시업계와 충돌하게 됐다.

미국 뉴욕에서는 2017~2019년, 2년 사이 택시 기사 9명이 이 문제와 관련해 스스로 목숨을 끊었다. 프랑스, 스페인 등에선 택시

기사 파업과 우버에 대한 시위가 잇달았고, 바르셀로나에선 승차 공유 플랫폼을 사실상 이용하지 못하도록 하는 규제가 생기기도 했다. 국내에서도 '카풀 갈등'이 본격화한 적이 있었다. 카카오모빌리티의 카풀 서비스 개시에 반대하며 택시 기사 2명이 목숨을 끊고, 1명은 자살을 기도했다는 기록도 볼 수 있다(한겨레 신문 2019년 4월 9일자 참조).

그나마 우버 등의 모빌리티 서비스는 택시 기사 대신 다른 사람이라도 일을 했다. 그런데 만약 4차 산업혁명 관련 기술이 완전히 정착돼 이런 우버 서비스가 AI를 갖춘 무인 자율주행 자동차로 대체됐다고 생각해 보자. 그때는 사람이 아예 필요가 없게 된다. 집에서 나오면서 스마트폰으로 차량을 호출하면 그 근처를 돌아다니던 자율주행 차량 한 대가 몇 분 안에 현관 앞에서 문을 열어놓고 대기한다.

차를 타고 직장까지 출근하고 나면 그 차는 다른 손님을 찾아 떠날 것이다. 요금은 신용카드에서 자동으로 빠져나갈 테니 말이다. 이 정도가 되면 일자리의 변화를 두려워하는 사람들이 적지 않게 나타날 만하다.

그런데 시대를 거슬러 올라가 보자. 이런 변화가 과연 현대에만 있었을까. 새삼스럽지만 모르는 독자도 있을 수 있으니 1811년부터 4년 동안 영국에서 일어났던 '러다이트 운동'에 대해서 잠시 짚고 넘어가자. 지금으로부터 200년도 더 지난 이 이 노동자 폭동을 '새롭게 도입된 기계 때문에 일자리를 잃을까 두려워한 사람들이 이것을 파괴하는 극단적 행동'으로만 알고 있는 경우가 많은데, 어느 정도는 맞는 말일 수도 있지만 완전히 그렇게만 생각하기에는 어폐가 있다.

실제로는 노동자들이 자본가에 맞서 계급 투쟁을 벌인 노동운동이라고 보는 편이 더 어울린다. 아무튼 이들이 굳이 파괴해야 할 대상으로 굳이 산업용 기계를 선택한 것은 의미심장한 일이다. 그들은 기계를 '자본가들의 상징'으로 여겼기 때문에 가능한 행동이기 때문이다. 자본가들은 기계를 구입하고 사람을 싼 값에 부려 기계를 돌려 일을 하니, 그 기계를 파괴하는 행위가 자신들의 가치를 높인다고 여긴 것만큼은 틀림없는 사실일 것이다.

이때부터 '단체교섭권(노동조합이 자본가와 협상하고 협상한 내용을 단체협약으로써 문서화하는 권리)' 개념도 생겨났다고 보는 경우가 많다. 임금을 받고 일을 하는 입장에서, 시장의 가치에 의해 임금을 결정하는 것이 아니라 스스로 권리를 주장하고 싸워서 쟁취하는 개념, 이것은 기계가 등장했기 때문에 가능한 일이다. 신문명의 탄생이 노동시장의 변화와 사회 시스템의 변화 역시 이끌어낸 것이다.

기술의 발전에 의해 시대가 변화하면 그에 맞는 문화가 생겨나는 것은 지극히 당연한 일이다. 그 흐름은 세상을 변화시키고, 생활의 양식을 변화시키는 원동력이 된다. 경제활동을 하지 않는 사람이거나, 혼자 일을 하는 사람이라면 이런 흐름을 애써 무시할 수 있을

지도 모른다. 그러나 적어도 직장인이라면 이런 흐름을 적극적으로 읽고 따라가는 사람이 되어야만 사회의 주역으로 성장할 수 있다.

미래에는 어떤 직업이 주목받을까

그렇다면 이쯤에서 궁금증이 드는 독자가 있을 것이다. 그것은 미래에 어떤 직업이 주목받을까 하는 점이다. 새로운 문화가 생겨나면 새로운 직업이 생겨나는 것은 당연한 일이다. 예를 들어 20년 전만 해도 '유튜버'라는 직업을 찾아보긴 어려운 일이었지만 지금은 대단히 주목받는 직업 중 하나다. 컴퓨터와 인터넷이 발전하고 동영상 서비스를 대량으로 서비스할 수 있게 되면서 생겨난 문화가 마침내 새로운 직업을 낳은 것이다. 웹툰 작가도, 웹프로그래머도, 해외 상점 중간 거래 회사 같은 것들도 과거엔 찾아보기 어려운 직업이었다. 다가올 미래에는 어떤 직업이 등장하게 될까. 지금 모든 것을 알 수는 없지만, 객관적인 분석에 따라 '이런 직업이 주목받는다'는 예측은 어느 정도 가능하다.

지금부터 소개하는 직업은 과학기술정보통신부, 한국전자통신연구원(ETRI), 한국과학기술기획평가원(KISTEP) 등의 분석 결과를 바탕으로 각종 언론 매체에서 '미래의 직업'으로 소개한 바 있는 직업들을 더해 나름의 기준에 따라 분류해 놓은 것들이다.

◆AI · 데이터 처리 분야 개발자

가장 주목해야 할 할 직업군은 역시 컴퓨터 전문가다. 고도의 수학적 능력과 컴퓨터 구조를 명확하게 이해한 인재는 앞으로 점점 더 많이 주목받게 될 것이다. AI는 미리 만들어 둔 특정 분야에서만 사용할 수 있다. 바둑 AI '알파고'의 성능을 아무리 크게 높인다고 해도, 결국 바둑 실력이 좋아질 뿐 다른 일을 더 잘하게 되지는 못하는 것과 같다. 다른 일을 시키려면 처음부터 개발을 다시 해야 한다. 따라서 지금까지 수많은 사람이 단순 작업을 반복해서 할 수밖에 없던 일을, AI가 대체하게 된다는 의미이며, 이 말은 한 단계 더 올라서서 AI를 만드는 사람, 즉 △AI개발자가 사회적으로 크게 주목받게 될 것은 당연한 일이다. 이와 동시에 △빅데이터 분석 전문가 △슈퍼컴퓨터 개발자 역시 주목받게 된다.

◆자율기계(로봇 등) 개발 및 제어 전문가

우선 다양한 형태의 로봇들을 개발하고 관리하는 전문가가 필요하다. 새로운 로봇을 연구하고 개발하는 △로봇공학자의 중요성은 아무리 강조해도 지나치지 않을 것이다. 또 고성능 자율주행차를 전문으로 연구하는 △자율주행차 개발자, 그리고 그 시스템을 유지하고 보수하는 △자율주행차 엔지니어도 사회적으로 필요한 직업이다. 같은 의미로 △드론 개발자 △드론 조종사 △자율운항 선박 시스템 개발자 △자율운항 선박 관제사 등도 꼽을 수 있다. 여기에 △도심 교통 시스템 설계자 △자율주행 차량 통제사 등도 중요한 직업으로 떠오를 것으로 보인다.

또 사람이 입으면 큰 힘을 낼 수 있는 '웨어러블 로봇', 일명 아이언맨 로봇을 개발하는 △웨어러블 로봇 개발자, △웨어러블 로봇 조정사 △웨어러블 로봇 정비사도 빼놓기 어렵다.

로봇을 제어하는 총괄적인 시스템을 개발하는 사람도 중요한 역할을 맡게 되는데, △로봇 제어 시스템 개발자, 그런 시스템을 계속 관리하고 운영하는 △로봇 제어 시스템 관리자 역시 필요하다. 기능이 자율화된 도심빌딩, 복잡해진 미래형 업무 시스템 관리를 전문으로 하는 △빌딩 제어 시스템 개발자 △시설물 제어 시스템 관리자 △자동화 물류 시스템 개발자·관리자 등도 같은 맥락에서 주목받을 것이다.

◆통신 및 보안 전문가

로봇시스템이 사회에 뿌리 내리려면 뛰어난 통신 기술은 필수적이다. 하지만 현대의 통신 기술은 충분하지 않으므로 미래가 될수록 △통신 기술 전문가가 더욱 더 각광받을 것으로 볼 수 있다. 그 기반이 되는 △통신 규약 개발자 △통신 시스템 전문가의 역할이 더욱 더 중요해진다. 통신 상황에서 해킹 등에 대응하기 위한 보안 전문가의 역할도 한층 중요해진다. △로봇시스템 보안 기술 개발자 △로봇 시스템 통신 보안 기술 개발자의 중요성도 점점 더 높아질 것이다. 또 이런 기술을 군사용으로 특화한 △국방 보안 시스템 개발자도 꼭 필요한 직업이다.

그리고 소셜미디어 서비스의 부작용과 해킹 등을 막기 위해 △소셜미디어 보안 전문가, 사이버 범죄를 막는 △디지털포렌식 전문가 △사이버게임 보안기술 개발자 등의 수요도 점점 더 늘어날 것으로 보인다.

◆ 의료 · 헬스케어 시스템 전문가

건강에 대한 인류의 관심은 문명이 발전할수록 더욱 더 높아질 것이다. 수많은 의료 정보를 보관하고 관리하는 △의료 데이터 분석 과학자, 전문적인 의료 장비를 개발하는 △의료 기기 공학자 등도 미래에 등장할 직업이 될 것이다. 여기서 갈라져 나와 노령인구나 장애우, 즉 거동이 불편한 사람들을 돕기 위한 로봇시스템을 연구하는 △실버케어 로봇공학자 역시 주목받을 직업으로 보인다. 또 일상생활에서 건강한 생활을 하도록 돕는 '헬스케어' 제품에 대한 수요도 늘어나면서 회원들의 건강 정보를 관리하는 △유헬스매니저 등의 직업도 필요한 직업으로 꼽힌다. 또 다양한 제품과 서비스를 개발하는 데 필요한 △감성인지기술 전문가도 주목받을 직업으로 꼽힌다.

◆센서 · 인터페이스 기술 전문가

기술의 성공여부는 우월한 조작성 확보에 달려 있다. 애플이 스마트폰 대중화를 이뤄낸 건 이미 세상에 존재하던 기술을 누구나 쓰기 편리하도록 새롭게 가다듬은 것, 즉 사람과 스마트폰 사이를 연결하는 '인터페이스'를 잘 연구했다는 점이다. 이런 점은 미래에 더욱 중요해진다. 과거에 없던 새로운 개념의 서비스가 등장하는 만큼 이것을 대중이 쓰기 편리하게 가다듬는 △인터페이스 개발자의 중요성이 더욱 커질 것이다. 세부적으로는 △터치스크린 개발자 △생체인식 기술 개발자 △음성 인식기술 개발자 등이 있다. 또 사람이 생각만으로 기계 장치를 조종할 수 있도록 돕는 △인간-컴퓨터 연결장치(HCI) 및 두뇌-컴퓨터 연결기술(BCI) 전문가 △인공감각기관 개발자도 각광받을 직업이 될 것으로 보인다. 또 이렇게 사람과 컴퓨터를 연결하기 위해선 각종 '센서' 기술이 중요하다. 따라서 △전문센서 개발자 역시 각광받는 직업이 될 것으로 보인다.

◆문화기술 전문가

새로운 기술사회가 성숙돼 갈수록, 그런 기술을 이용해 문화적인 수요를 만들어내는 사람들도 생겨나기 마련이다. 특히 시대가 바뀌는 변화의 시기엔 각종 문화적 요소를 기술적으로 어떻게 구현할지를 연구하는 △문화기술 전문 개발자의 역할은 한층 더 높아질 것으로 보인다.

거기에 이어 영상이나 소리 등 사람의 감각을 자극하는 직업에 종사하는 사람들이 점점 늘어날 것이다. 그렇다면 △홀로그램 영상 기술 개발자 △실감영상 플랫폼 개발자 △차세대 디스플레이 개발자 등의 역할도 커질 것이다. △입체음향기술 개발자 등도 각광받을 것으로 보인다. 이렇게 영상과 사운드 기술이 점점 발전하면 이 기술을 이용해 새로운 어떤 컨텐츠를 개발하는 사람도 등장하게 될 것이다. 이른바 '뉴미디어 개발자'도 등장하게 될 것이다. 이런 기술을 이용해 △증강현실 개발자도 각광받게 될 것이다.

최근 인기를 끌고 있는 △메타버스 시스템 설계자 △메타버스 서비스 전문 개발자 △메타버스 캐릭터 디자이너 등도 주목받는 직업 중 하나다. 디지털 세계에 적용할 다양한 콘텐츠를 만드는 직업도 등장할 것으로 보인다. 예를 들어 각종 문화재를 디지털 영상 입체 영상으로 촬영하고 정리하는 △디지털문화재 관리사의 역할도 늘어나리라 생각된다.

◆ 에너지 · 환경 분야 전문가

사회가 고도화 되면서 이런 사회를 유지하기 위해 꼭 필요한 것이 '에너지'이다. 첨단사회일수록 다양한 에너지가 필요하기 때문이다. 즉 미래에는 새로운 에너지를 개발하고, 그같은 에너지를 인류에게 고루 배분하는 과정에 종사하는 전문가, 이런바 '에너지 전문가'의 역할도 커진다고 볼 수 있다.

가장 먼저 생각해 볼 수 있는 직업으로 △신재생에너지 시스템 관리자를 들 수 있다. 풍력, 태양광 등의 신재생에너지를 이용하면 전기를 만들 수 있습니다만, 화력이나 원자력 발전에 비해 전력 생산이 안정적이지 못하다는 단점이 있으므로, 이런 전력을 저장했다가 다시 나누어 주는 역할을 하는 △에너지 저장 시스템(ESS) 관리자의 역할도 점점 중요해질 것이다. 또 △전력망 관리 전문가 △발전 시스템 안전관리사 등도 사회적으로 꼭 필요한 일자리가 될 것이다.

에너지는 환경과 관계가 매우 크다. 석탄은 미세먼지와 이산화탄소를 배출하고, 원자력은 폐기물 문제를 해결해야 한다. 이런 에너지의 특성을 알고 에너지 시스템을 설계하는 전문가 역시 필요하지만, 국가적인 작업이므로 그리 많은 인력이 필요하지는 않을 것으로 보인다. 그보다는 지구온난화를 일으키는 탄소가스 배출 권한의 기업간, 국가간 거래를 대리하는 △탄소가스 거래 중개인 △공기질

관리 전문가 등도 필요한 직업이다. 각종 첨단 에너지 기술의 환경 영향을 분석하는 △환경 영향 평가사도 꼭 필요한 직업이다.

◆과학기술 해설 전문가

어려운 과학과 기술을 대중이 알기 쉽도록 전달해 주는 '중간자' 역할을 하는 사람들의 역할도 미래에는 점차 큰 자리를 잡을 것으로 보인다. 첨단과학기술이 발전하면서 이 기술을 사람들이 살아가는 세상 속에 직접 풀어 넣는 사람들의 역할은 점점 더 중요해지고 있기 때문이다.

과학기술을 대중이 이해하기 쉽도록 해설하는 △과학 커뮤니케이터 △과학 해설사 △과학 전문 칼럼니스트 △과학기술 전문 유튜버 △과학 전문 기자 등은 이미 현대에도 큰 역할을 하는 직업이다. 여기에 △과학기술 전문 변리사 △과학기술 분야 전문 변호사 △기술 전문 통역사 등의 역할도 앞으로 더 중요해질 것으로 예상되고 있다.

지금까지 소개한 직업들은 어디까지나 예측에 기반한 것이다. 예측이란 맞을 수도 틀릴 수도 있지만, 많은 전문가들이 이런 직업들이 새롭게 각광 받을 것으로 보고 있다는 점에서 적잖은 의미가 있다고 여겨진다. 미래에 이런 직업이 주목받는다고 예측하는 건, 그와 관련된 '산업'이 주목받을 것이라 예측되기 때문이다. 직장인으로서 이런 흐름은 참고할 필요가 있다고 여겨진다.

 ## 과거의 기술이 쓸모없어진다고 생각하지 마라

기술의 발전은 생활양식의 변화를 몰고 온다. 그 변화의 흐름에 편승하느냐, 과거의 방식대로 살아가느냐는 어디까지나 자신의 선택이다. 과거의 방식대로 사는 것을 나무랄 일도 아니며, 과거의 방식이 효율이나 삶의 만족도 면에서 더 떨어진다고 단정하기도 어렵다.

예를 들어 손목시계를 수리하는 '시계공(시계 수리 전문가)'은 기술적으로 분명 과거의 직업이다. 100% 현대 기술의 흐름에 편승해 살아간다면 시계공이라는 직업이 있기 어렵다. 모두가 스마트 워치를 차고 다닐 테니, 고장이 난다면 제조사가 제공하는 AS를 받으러 가면 그뿐이다. 수리는 시계공이 아니라 전자제품 수리사가 담당하게 될 것이다.

하지만 현대에도 시계공은 버젓이 존재하는 직업이다. 아니, 최근 들어 인기가 대단히 높아지고 있다고 들었다. 태엽을 감아 사용하는 기계식 시계가 다시금 유행하기 시작했는데 이런 시계를 수리해야 하는 전문 시계공은 충분하지 못하기 때문이다.

이 흐름을 이해하기 위해 손목시계 기술의 변화를 한번 살펴보자. 우선 최초의 손목시계는 당연히 태엽을 감아 만든 것이었다. 필자가 알고 있는 내용이 정확하다면 1904년, 비행사인 친구를 위해 루이 카르티에가 만들어 준 '산토스'라는 모델이 시초다. 그 이후 시계는 당연히 손목에 차는 것으로 바뀌었고, 수십 년간 이 '태엽식 손목시계'는 시계를 휴대하는 가장 보편적인 기술이었다.

그러다 이 방식은 1967년 일본 세이코가 발표한 아스트론이라는 시계 때문에 역사의 뒤안길로 사라질 뻔한 위기를 겪는다. 이 시계는 석영(Quartz)에 전압을 가한 뒤 생기는 진동을 측정해 시간을 측정하고 전기로 바늘을 움직이는, 이른바 '쿼츠 시계'였다. 오차가 거의 없는 데다 얇고 가볍기까지 해 대다수의 시계 제조사들은 너나 할 것 없이 쿼츠 시계를 내놓기에 이르고, 태엽식 시계 제조 업체들은 도산 위기에 몰리게 된다. 이른바 '쿼츠 파동'이라고 불렸던 시기이다. 첨단 기술인 태엽식 손목시계가 60년이 지나자 최첨단 기술인 쿼츠 시계에 의해 완전히 잠식된 것이다.

그러나 다시 50년 이상이 지난 지금은 다시 태엽식 시계가 도리어 그 가치를 인정받고 있으며, 도리어 쿼츠보다 선호도가 매우 높다. 반대로 쿼츠식 시계는 도리어 저렴한 가격에 편하게 사용할 수 있는 저가품 정도로 인식되고 있다. 태엽식 시계는 값이 싼 것은 수십만 원, 비싼 것은 몇천만 원에서 몇억 원을 호가한다. 가장 첨단 방식이라고 불리는 시계는 스마트워치를 꼽을 수 있는데, 비싼 것이라고 해도 100만 원을 넘지 않는다. 이런 점을 감안하면 현 시대에 가장 가치를 인정받는 시계는 아이러니하게도 가장 구식 기술인 태엽식 시계이다. 장인이 수작업으로 하나하나 조립해 만든 시계의 가치를 인정받는 것이다. 최첨단 자동화 공장에서 만든 스마트워치에 비해 품질이 좋다고 할 수 없고, 기능도 비교할 수 없이 보잘 것 없지만 사람들은 아낌없이 그 시계를 산다.

4차 산업혁명 시대가 도래하면서 사람들이 흔히 하는 생각 중 하나가 '최첨단 기술의 흐름을 따라잡지 못하면 도태되고 말 것'이라고 생각하는 것이다. 그래서 본인의 직업과 큰 관계가 없는데도 코딩을 배우러 학원에 다니고, 자녀들은 방과 후에 로봇교실에 보내는 등의 노력을 기울인다. AI와 로봇의 시대라고 하니 그것들을 제대로 배워 두어야 한다는 단순한 생각이다. 그런데 막상 그렇게 하고 있는데도 제대로 미래에 대해 대비하고 있는지 잘 모르겠고, 배우고 있는 것의 쓸모를 체감하기도 어렵다. 답답하게 느껴지니 여전히 '뭔가 새로운 세상에 대응할 방법은 없을까'를 고민한다.

사실 자신의 전공 분야에 집중하지 않은 채 어설프게 코딩 교육을 받는다고 미래에 대응할 역량이 생겨날 리 만무하다. 코딩 교육을 받는 것은 물론 좋은 일이다. 컴퓨터 소프트웨어의 기본적인 동작 원리를 이해할 수 있고, 어느 정도 실력이 붙으면 자기 스스로 필요한 앱을 만들 수 있게 되면서 스스로 컴퓨터 시스템의 기능을 제어할 수 있게 된다.

그러나 여기까지 하려면 적잖은 노력이 소요되며, 이 일을 전문적으로 하는 사람만큼 실력을 쌓기에는 많은 무리가 따른다. 도리어 본업을 등한시하게 되면서 악영향을 가지고 오는 경우가 대부분이다. 자동차 영업을 하던 사람이 갑자기 코딩 공부를 한다고 해서 실력이 일취월장하기도 어렵고, 설령 그렇다고 해도 그 기술을 어디서 써먹기도 어렵다. 코딩 기술로 취업을 하자니 전공자를 이기기 어렵고, 자동차 영업에 코딩을 접목할 이유도 알 수 없다.

이런 전략은 그리 권장할 성격의 것이 아니다. 이런 실수는 개발자와 사용자의 구분을 명확히 하지 못해서 일어난다. 현대를 살아간다고 해서 모두가 개발자로서의 역량을 가질 필요는 없다. 현시대에 걸맞는 기술 소비자로서의 역량만 가진다면 충분하다. 3차 산업혁명 시대를 예로 들면, 컴퓨터와 스마트폰 사용 능력이 충분하다면 그것으로 족한 일이다. 문제는 자기 자신의 스마트폰을 남의 도움 없이 스스로 칙칙 사용할 수 있는 능력이지, 스마트폰 앱을 개발하는 능력에 있는 것이 아닌 것이다. 개발자로 일할 생각이 아니라면, 시대의 흐름에 적응하겠다며 이런 공부를 하는 것은 대단히 어리석은 일이다.

다른 예를 하나 들어보자. 현대에 대장간이 남아 있을까? 전국에 몇 개 남아 있지 않을 것 같지만 당장 필자의 집 주변에도 서너 개가 검색된다. 그중에는 풀무질하며 망치로 쇠를 두드리는 옛날식 대장간도 있다. 이 대장간이 지금도 장사를 할 수 있는 이유는 무엇일까. 공장에서 정밀가공으로 태어난, 녹이 슬지 않는 스테인리스 스틸 제품이 넘쳐나는 세상에, 이런 대장간이 장사를 할 수 있는 이유는 두 가지다.

첫 번째는 맞춤형 제품을 주문할 수 있다는 점, 즉 철로 만든 제품의 모양이나 크기, 무게중심의 위치 등을 대장장이와 상담해 가며 본인이 원하는 대로 조정할 수 있다는 장점이 있다. 세상에 존재하지 않는 기묘한 모양의 도구도 주문만 하면 척척 만들어 준다. 공장에서 만들어 내는 물건으로는 기대하기 어려운 서비스다. 두 번째는 사람이 손으로 만들었다는 정겨움이 가져다주는 무형의 가치다. 세상에 하나밖에 없는 물건을 사람이 손으로 두들겨 만들어 준다니 그 소중함이 배가 된다. 대장간은 현대에도 살아남아 서비스를 이어가고 있는 까닭은, 과거의 기술이 가진 이성으로 설명하기 어려운 가치 때문이기도 하다.

여기서 꼭 알아야 할 점은, 비록 과거의 기술을 기반으로 살아가고 있다고 하더라도, 현대를 살아가고 있는 사람이라면 현대의 첨단 기술이 가진 가치를 이해하고, 과거 기술과의 차이, 그리고 그

가치의 차이를 확실히 알고 있어야 한다. 이는 대단히 중요한 일이다. 또 한가지 짚고 넘어가야 하는 사실은, 현대를 살아가는 대장장이는 컴퓨터와 인터넷을 쓸 줄 알아야 한다는 점이다. 그렇지 못하면 업무의 효율이 떨어질 수밖에 없다. 비록 제품을 만들 때는 과거의 기술을 사용하지만, 그 이외의 상황에는 현대 사회의 일원으로서 필요한 문명을 누리고 활용할 줄 알아야 한다. 앞으로는 4차 산업혁명 시대를 맞아 AI와 로봇 역시 적극적으로 활용할 줄 알아야 한다는 건 주지의 사실이다.

 ## 인류 역사상 사라진 직업은 없다

그렇다면 이른바 '과거의 직업'은 미래에도 여전히 경쟁력이 있는 것일까. 여기에 대한 답은 어디까지나 '미래를 얼마나 이해하고 있느냐에 달려 있다'고 할 수 있다. 비록 과거의 기술을 기반으로 한 직업일지라도 현대 사회에 따라 변화된 가치를 이해하고 있다면 충분한 경쟁력을 가질 수 있지만, 여전히 과거의 방식 그대로 운영하려 한다면 도태되고 말 것이 불 보듯 뻔하기 때문이다.

우선 직업이 어떻게 생겨나고 없어지는지 생각해 보자. 아프리카 밀림 속에 한 부족이 살고 있다고 생각해 보자. 이 부족은 21세기인 지금까지 원시 생활방식 그대로 생활하고 있었다. 이런 마을에 직업 개념이 있을 리 없다. 남자는 누구나 사냥을 하고, 여자는 누구나 채집을 한다. 그렇게 모은 음식을 모두가 나눠 먹는다. 겨우 나눠진 직업이 있다면 아마 제사장이나 족장 정도일 것이다.

그런데 어느 날 현대 문명의 혜택을 전혀 받지 못하는 이 부족을 안타깝게 여긴 정부기관에서 이 지역에 수도시설을 설치해 줬다고 해 보자. 그다음부터 이 마을엔 새로운 직업이 생겨난다. 수도관을 관리하는 사람, 수도 요금을 계산하는 사람, 수도관을 수리하는 배관공……. 새로운 기술이 들어서면서 새로운 직업이 생겨나는 셈이다. 전기가 들어오면 또다시 많은 직업이 생겨나고, 도로가 건설되면서 또다시 수많은 직업이 생겨난다.

이런 식으로 부족이 계속 발전해 이제는 웬만한 문명이 거의 다 들어온 큰 부족국가가 됐다고 가정해 보자. 그런데 이 부족에 사냥꾼은 이제 없어진 직업일까?

잘 알다시피 사냥꾼은 인류 최초의 직업이라고 할 수 있다. 그러나 사냥꾼은 현대에도 있는 직업이다. 취미로 사냥을 하는 사람은 지금도 쉽게 찾아볼 수 있고, 직업 사냥꾼은 공부를 하고 훈련도 쌓아야 하므로 나름의 전문직으로 분류해야 할 것이다. 단언할 수 있는 점은, 인류 역사가 시작한 이래로 지금까지 사라진 직업은 단 하나도 없다는 사실이다. 다만 직업군의 비율만이 시대 변화에 따라 조정되고 있을 뿐이다. 그 누구도 '내가 일하고 있는 직업이 없어지면 어떻게 하나?' 싶은 걱정은 하지 않아도 괜찮다는 의미다.

다만 여기서 반드시 짚고 넘어가야 할 것은 사냥꾼이 존재하는 의미다. 과거에는 식량을 얻어오는 것이 사냥꾼의 중요한 역할이었다면, 현대의 사냥꾼은 의뢰를 받고 유해 동물을 퇴치하는 일을 주로 한다. 비슷한 일을 하는 것 같지만 그 의미 자체는 전혀 달라진다. 따라서 요구되는 자질도 비슷한 것 같지만 전혀 다르다. 과거에는 종류에 상관없이 식량이 될 만한 짐승을 추적해 잡아오면 됐지만, 현대에는 해수를 정확히 지정해 구제해야 하고, 주위의 다른 동물에게 피해를 주어선 안 된다. 민가에 피해를 주어서는 안 되며, 그 이외의 자연환경을 지키고 보호할 의무도 따른다.

사진은 필자가 프랑스 몽펠리에 지역에 출장을 갔다가 촬영한 삼발이자전거식 관광용 인력거이다. 이 인력거는 철저히 관광용이다. 과거에 인력거는 아마도 먼 길을 걷기 힘든 사람이 발이 빠르고 튼튼한 사람에게 데려다 달라고 부탁하는 운송 수단이었을 것이다. 기차역까지 빨리 데려다 달라고 부탁하는 식이다. 즉 과거의 인력 거꾼에게 요구되는 역량은 다리가 튼튼하고, 기차역까지 가는 길만 알고 있으면 그뿐이었다.

그러나 현대에 볼 수 있는 인력거는 대부분이 관광용이다. 현대 의 인력거꾼은 요구받는 역량 자체가 완전히 달라진다. 인력거를 탄 사람은 기차역까지 빨리 가고 싶은 것이 아니기 때문이다. 그저 인력거를 탄 색다른 경험을 즐기고 싶고, 관광지 주변을 돌아다니 면서 구경하고 싶을 뿐이다. 따라서 인력거꾼은 튼튼한 다리로 승 객을 안전하게 운송하는 것은 기본이며 마을의 관광자원이 어디에 있고, 각각의 관광자원이 어떤 의미가 있는지를 알고 있어야 한다. 어디에 가면 사진이 예쁘게 나오는지, 어느 시간에 노을이 예쁘게 지는지를 알고 있어야 제대로 된 서비스를 할 수 있다.

사진의 인력거꾼은 아마도 프랑스 사람이겠지만, 관광객을 상대 하니 아마도 영어를 할 줄 알아야 할 것이다. 외국어를 할 수 있는 교육받은 사람이어야 한다는 의미다. 사실 인력거꾼은 과거 사회 하층민으로 구분할 수 있는 직업이었지만 현대에는 관광 가이드와 비슷한 역량이 필요하며, 일정 교육을 받아야만 지속할 수 있는 직 업이 되었다. 이런 시대의 변화를 읽지 못한 채 '나는 인력거꾼이니 다리만 튼튼하면 되는 것 아니냐'라고 생각하고 있으면 시대의 흐 름을 따라가지 못하게 되며 도태를 피할 수 없게 된다.

즉 어떤 직업을 선택하느냐는 현대, 혹은 미래 생존에 있어 그리 중요한 문제가 아니다. 단 하나의 직업도 사라지지 않았다는 것은, 직업 그 자체가 변화하며 시대에 맞게 적응해 왔다는 것을 의미한다. 직업 그 자체보다 중요한 것은 직업이 갖는 의미가 지금 사회 속에서 어떤 의미가 있느냐는 점이다.

이제 이 문제를 AI와 로봇 기술의 시대, 즉 4차 산업혁명 시대에 맞게 비교해 보자. AI와 로봇 기술의 시대에 우리가 영위하고 싶은 직업의 의미는 어떻게 변화하게 될까. 예를 들어 작곡가가 있다고 생각해 보자. 현대의 작곡가는 뛰어난 아이디어와 음감을 바탕으로 듣기 좋은 음악을 꼼꼼하게 잘 구성하는 역량이 가장 중요하다는데 이견이 있는 사람은 그리 많지 않을 것이다. 그런데 AI 기술이 보편화 된 미래에도 과연 이런 역량이 중요해질까.

조금만 생각해 보면 스스로 작곡을 할 수 있는 역량은 물론 필요하지만, 막상 작업을 할 때는 그보다 더 중요한 역량이 있다는 사실을 알 수 있다. 작곡은 이미 AI도 할 수 있는 일이다. 아직 AI 기술이 완전하지 않아 작곡한 음악이 다소 마음에 들지 않을 수 있지만, 조금 더 시간이 지나면 인간 프로 작곡가가 만든 음악과 거의 구분이 가지 않는 음악을 몇 초 이내에 만들 수 있게 된다. 더구나 AI가 작곡한 음악이 마음에 들지 않는다면 조건을 바꾸어 처음부터 다시 작곡하면 그뿐이다. 한 곡을 만드는 데 걸리는 시간이 몇 초밖에 걸리지 않기 때문이다.

이런 상황에 인간 작곡가가 '혼과 땀을 불어넣어 처음부터 모든 것을 직접 다 작곡하겠다'고 하면 어떤 일이 벌어질까. 물론 앞의 대장간 사례처럼 이렇게 작곡한 음악도 그 나름의 가치를 인정받을 수 있을지 모른다. 그런 작업 방식을 선택하는 것 역시 본인의 자유이다. 그러나 미래에 주류가 되는 방식이라고 생각하긴 어렵다고 볼 수 있다.

그렇다면 주류가 될 방식은 어떤 것일까. 작곡을 한다는 것은 음악을 필요로 하는 사람이 있다는 뜻이다. 어떤 상황에 어떤 음악이 필요한지를 정확히 이해하고, 거기에 맞게 음악을 구성할 수 있는 능력, 그리고 그 조건에 맞게 AI를 활용해 음악을 작곡하고, 원하는 음악이 나오지 않을 경우 AI 작곡 프로그램에 입력하는 여러가지 조건을 변경하는 식으로 작업하는 방식, 이른바 작곡 과정을 조율하는 매니지먼트 역량이 더 중요하게 될 것이다.

이런 일을 하려면 스스로 작곡을 할 줄 알아야 하는 것은 물론이거니와, 음악을 작곡해 달라고 요구한 고객의 요구를 역시 십분 이해하는 커뮤니케이션 역량, AI 시스템의 특징을 이해하고 능수능란하게 다루는 역량 역시 갖춰야 한다.

미래사회에 주목받을 첨단 기술이 존재한다고 해서, 우리 모두가 반드시 그런 직업을 갖기 위해 노력해야 할 필요가 있는 것은 아니다. 미래가 온다고 애써 하고 있던 일을 그만둘 필요도, 또 하고 싶었던 일을 포기할 필요도 없다. 적성에 맞는 일을 포기한 채 미래에 유망해 보이는 직업을 애써 찾아 나설 필요도 없다.

다만 하고 싶은 일, 혹은 하고 있는 일이 미래에는 AI와 로봇 기술의 세상 속에서 어떤 의미를 갖게 될지, 그래서 자기 자신이 앞으로 어떤 역량을 더 갈고 닦아야 할지를 스스로 생각해 볼 필요가 있다. 무의미하게 코딩 교육을 받거나 로봇교실을 찾아가는 것보다, 이런 실질적인 역량을 고민하고 움직이는 것이 몇백 배는 더 실용적이라는 사실을 알아야 한다. 세상이 더 발전한다면 새로운 직업이 등장하며 우리의 선택이 넓어지는 것이다. 과거의 기술이나 산업이 모두 쓸모없다고 생각하는 것은 옳지 못하다고 이야기할 수 있지 않을까.

인간이 해야 할 일과 기계가 해야 할 일

10여 년 전만 해도 사회에서 AI 시스템이 도입됐다는 이야기를 하면 대단히 첨단 시스템을 모험적으로 도입한 것 같은 인상을 줬다. 그러나 2023년이 된 현재는 그런 생각을 하는 사람은 별로 없다. 상품이나 서비스를 개발할 때 적용할 수 있는, 대단히 당연한 기능 중 하나를 선택한 것에 불과하다는 인상을 받는 경우도 많다. 사실 AI가 적용됐다고 해서 소비자 사용자 입장에서 크게 달라진 것이 없다는 인상을 받는 경우가 많다. 그저 TV에서 리모콘을 누르는 것이 더 편할 수도 있는데 공연히 음성 인식이 가능하게 만들어 주었다거나, 가만히 켜 두면 잘 돌아가는 것 같은 냉장고 온도를 공연히 자동으로 조절해 준다거나 하는 식의 기능도 자주 볼 수 있다. 그러니 일부 사람들 사이에선 'AI 시대라더니 별로 달라진 것도 없다'거나 '별 쓸모도 없는 것으로 호들갑을 떤다'는 사람도 왕왕 볼 수 있다.

그런데 사실 서비스를 개발하는 사람 입장에서는 이야기가 전혀 달라진다. 이는 어디까지나 제품으로 물건을 만들어 내어 놓았을 때의 이야기이지, 실제로 일할 때는 AI의 가치가 전혀 다르게 다가오기 때문이다. 예를 들어 편의점에 가서 물건을 산다고 가정해 보자. 손님 입장에선 점원이 일하고 있는 것이 도리어 더 편할 수 있다. 어떤 물건이 어디 있는지 물어볼 수 있는 것 외 여러 가지 서비스를 제공받을 수 있어서다.

하지만 서비스를 제공하는 사람 입장에선 AI와 로봇, 그리고 각종 센서 기술을 총동원하면 사람이 한 명도 없는 무인 편의점을 운영할 수 있게 된다. 인건비를 절약할 수 있고, 가게마다 매니저를 두지 않아도 된다. 사장 한 사람이 몇 곳의 가게를 혼자 관리할 수 있게 되는 것이다.

다른 산업도 마찬가지이다. 농업을 예로 들어 보자. 농작물을 사먹는 사람은 맛이 있고 싱싱한 과일이나 채소를 사 올 수 있으면 그뿐이고 생산과정에 어떻게 만들어졌고 어떻게 유통됐는지는 중요하지 않은데, 막상 생산자들은 이야기가 달라진다. 국내에선 다소 생소하지만 미국 등 대규모 농업을 하는 국가에서 AI 로봇은 이미 생활이 됐다.

미국 회사 '팜와이즈'는 제초 작업용 로봇의 임대 사업을 하고 있다. 밭을 오고가며 카메라로 농작물을 살펴본 다음 호미처럼 생긴 도구를 뻗어 잡초만을 골라 뽑아내는 로봇을 이용, 농장 검사 및 제초 시 1에이커(약 4046㎡)에 200달러(약 26만원)를 받고 있다. 경쟁사로 꼽히는 '카본 로보틱스'가 내놓은 로봇은 AI로 밭의 잡초를 식별한 뒤 호미가 아니라 레이저 열로 태워 없애는 형태다.

미국 기업 '퓨처 에이커'가 만든 농사 지원 로봇 '캐리'는 이름 그대로 사람 대신 수확한 농작물 등을 옮겨 준다. 최대 500파운드(약 227㎏)의 작물을 싣고 자율적으로 운행하는데, AI와 컴퓨터 화상해석 기술을 이용해 나무나 사람 등 장애물을 피해 이동한다.

병원은 어떨까. 입원한 환자 입장에서야 누가 약을 가져다주든 받아서 먹을 수만 있으면 된다. 간호사가 가져다주는 것이 더 편리할지도 모른다. 그런데 이런 '약제 배달' 업무를 국내 한 병원이 로봇에 맡겨 화제가 된 경우도 있다. LG전자가 개발한 배송용 로봇 '클로이 서브봇'에 필요한 통신 기능과 프로그램을 설치해 만든 것으로, AI를 통해 약제과에서 보내는 약이 몇 층, 몇 병동으로 가야 하는지 정확히 인지하고 움직인다. 전용 통신 기능을 이용해 엘리베이터로 자유롭게 이용할 수 있어 건물 내 어디든 갈 수 있도록 만든 것이다.

이런 사례를 잘 들여다보면 현시대에 AI와 로봇 기술이 주로 어떤 일에 쓰이고 있는지, 그리고 어떤 일에 우선적으로 도입되는지를 알 수 있다. 업무를 주도적으로 맡아서 하던 매니저급 업무는 대체하기 어려운데, 업무 전반에 대한 책임 없이 눈앞의 맡은 업무를 척척 처리하는 일, 간단하게 말해 파트타이머들이 하는 일은 거의 대부분 AI 로봇으로 대체되고 있으며, 또 그렇게 될 것이라고 보아도 무방하다.

예를 들어 보면 편의점 판매원, 패스트푸드점 직원, 콜센터 직원, 운전기사, 배달원, 택배 및 음식 배달원 등 단시간의 교육으로 빠르게 수행할 수 있는 단순 직업은 거의 모두 AI 시스템이나 로봇에게 맡기는 편이 사회 전체적으로 볼 때 더 유리하다. 이런 일은 대부분 사람이 일할 때도 업무에 대한 책임을 가지고 일을 지시 및 감독하는 매니저가 꼭 필요한 경우가 대부분이기 때문에 로봇에 대한 대처도 쉬운 편이다.

두 번째로 짚어 볼 것은 전문직의 업무를 보조하는 경우다. 전문직의 경우 업무에 대한 책임 역시 필요하므로 완전한 대처는 어려울 것으로 보고 있지만, 책임이 있는 한 사람의 업무 부담을 덜어주어 두세 사람 몫을 하도록 도울 수는 있다. 예를 들어 병원의 영상의학과 의사는 X레이나 MRI(자기공명영상), CT(컴퓨터단층촬영) 등의 화상을 보고 질병이나 부상 정도를 찾아내는 일을 하는데 훈련받은

AI는 이 일을 어느 정도 대신할 수 있다. 다만 판독에 대한 법적 책임이 필요한 데다 AI 시스템의 실수 등을 고려하면 인간 전문가가 반드시 함께 일해 주어야 한다.

마지막으로 고도의 지적능력이 필요한 작업인데 이 경우는 AI 시스템이나 로봇을 활용해 업무자의 효율을 큰 폭으로 높이는 것이 가능하다. 어떤 일이든 단순 반복적인 작업이 필요한 경우가 많은데 이런 부분에 대한 부담을 줄여 작업자가 본연의 지적 작업에 집중하도록 도움을 받는 경우다.

그렇다면 인간은 어떤 일을 할 수 있을까.

첫째는 기계로 하기엔 현 시대의 기술로 완전히 대체하기가 아주 어려워, 결국 사람이 하는 편이 더 효율적인 것들이다. 예를 들어 꽃꽂이 같은 작업을 생각해 보자. AI가 아무리 학습을 한다고 해도 어디다 어떤 꽃을 어떻게 꽂아야 할지 딱히 정해진 규칙도 없고 학습을 시키기도 힘이 든다. 더구나 로봇팔로는 할 수 없는 대단히 복잡한 손재주까지 필요하다. 어느 정도 흉내는 가능하다고 볼 수도 있는데 로봇팔이 꽃꽂이를 하라고 사람이 미리 꽃을 다듬고 수반이나 침봉 등의 각종 도구를 준비해 주고 있으니 사람이 그냥 꽃꽂이 자체를 해치우는 것이 효율적이다. 이런 경우는 AI와 로봇에게 맡기기보다 사람이 작업하는 것이 여러모로 유리하다고 할 수 있다. 요리 등도 비슷할 것이다.

즉 AI와 자동화 기술의 특징을 이해하고 고민해 본다면, 미래에 인간은 어떤 일에 집중해야 할지 의외로 답을 금방 알 수 있다. 병원에 가면 증상을 듣고, 체온을 재는 등 기초적인 검사를 하고, 필요하다고 판단하면 정밀 검사를 하게 된다. 이런 검사 결과를 종합해 진단을 내리는 일은 이미 AI로도 할 수 있다. 그런데 검사 장비에 환자를 눕혀 주고 도와주는 일은 결국 간호사가 해 주어야 한다. 수술도 외과의사 없이는 불가능한 영역이다. 로봇 수술을 받는다고 해도 그 로봇을 조종해 수술하는 것은 결국 사람이다.

실제로 수십 년 이내 미래에 로봇이 인간을 완벽하게 대체할 것이라고 믿기는 몹시 어렵다고 할 수 있는데 이런 구조적 한계가 있기 때문이다. 미국의 컨설팅업체 '매킨지'는 미국 내 2000개 업무 중 45%를 자동화할 수 있으나, 완벽하게 사람을 대체할 수 있는 건 5%에 불과하다는 분석을 내놓기도 했다. 이 정도 직업군 변화는 새로운 기술이 태동할 때마다 있었다.

누구도 AI와 로봇 기술의 명백한 미래는 알 수 없다. 확실한 건 인간 대신 많은 일을 자동으로 처리할 수 있는 유용한 기술이라는 점, 그리고 그것으로 인해 우리가 편리해진다는 점, 우리가 맡겨야 할 일과 우리가 집중해야 할 일이 나뉜다는 점이다.

 ## 기본이 없으면 AI를 부릴 수 없다

　회사에 다니다 보면 매년 신입사원들이 들어오는 것을 볼 수 있다. 그들은 보통 수십 대 일의 경쟁을 뚫고 입사했기 때문에 모두 다 똑똑하고 지식도 풍부하다. 그런데 그들은 처음 입사했을 때부터 누구 못지않게 일을 잘하는가? 아마 거의 그렇지 않을 것이다. 일을 잘하기는커녕 번번이 사고를 일으키기 일쑤이다. 중고등학교를 거쳐 대학 시절까지 나름 수재 소리를 듣던 인재들이 순식간에 어린아이가 된다. 이른바 '사수'라 불리는 선배가 사소한 것 하나하나까지 알려 주며 적어도 몇 개월은 일을 가르쳐야 어느 정도 한 사람 몫을 해내고는 한다. 업무 습득에 시간이 많이 필요한 분야는 몇 년씩 걸리기도 한다.

필자는 언론사를 주로 다녔으니 언론사의 신입 기자들을 예로 들어보자. 기자를 지망할 정도면 보통 중고등학교, 늦어도 대학 때부터는 글쓰기에 취미를 갖고 나름대로 연습해 왔을 것이다. 요즘 신입 기자들은 영어 실력도 아주 뛰어나 원서도 척척 읽을 수 있고, 인터넷이나 스마트기기의 사용도 선배 기자들과 비교하면 훨씬 익숙하다. 자질 면에서 선배 기자들을 훨씬 압도하는 후배들이 훨씬 많아지고 있는 것이 사실이다.

이들 중에는 열의에 가득 차 있는 친구들이 많다. 신입 기자들에게 주어지는 일은 보통 기업이나 공공기관이 배포한 '보도자료'를 기사로 재가공하는 업무가 많고, 취재 현장에는 보통 선배 기자를 따라다니면서 일을 배우는 경우가 많은데, 이런 일을 가볍게 여기고 빨리 스스로 현장에 나가 큰 특종을 하고 싶어 안달하는 경우를 자주 볼 수 있다. 그렇다고 해서 보도자료를 참고해서 기사를 작성하는 기초적인 일을 제대로 하느냐 하면 그것도 아니다. 써 온 기사를 보면 함량 미달인 경우가 많다. 우선 정확한 문장이나 어휘를 사용하지도 못하고 있는 경우도 많다. 선배 기자들이 몇 번씩 수정해줘야 겨우 기사가 신문지면에 출고될 수 있다.

취재를 내보내 봐도 마찬가지다. 무언가 나름대로 열심히 하는데, 가지고 온 아이디어를 보면 선배들이 보기엔 이미 몇십 번이고 보도된 식상한 주제를 들고 와서 호들갑을 떠는 경우가 대부분이다. 기본적인 취재조차 돼 있지 않다는 뜻이다. 별수 없으니 선배가 취젯거리 하나를 던져 준다. 그럼 이걸 안고 나가 며칠씩 취재를 해서 기사를 써 오는데, 초고를 보면 한숨을 쉬면서 몇 번씩 되돌려 보내기 일쑤이다.

요즘엔 신입 기자도 인격을 중시해서 너무 심하게 꾸짖는 일은 그리 많지 않은데 필자가 신입 기자이던 시절엔 정말로 선배 기자들에게 욕 먹는 일은 다반사였고, 심지어 써 간 원고를 눈앞에서 세절기에 갈아 버리는 일을 겪기도 했다.

도대체 왜 이런 일이 일어나는 걸까. 제법 규모가 있는 언론사의 신입 기자 경쟁률은 100대 1을 넘어서는 경우도 적잖이 볼 수 있다. 이런 수재들이 왜 이리도 일을 못하는 것일까.

그 답은 간단하다. 그들은 업무에 대한 기본이 돼 있지 않은 것이다. 고등교육을 받아 기초적인 지식을 갖추고 있는 것과 일 자체를 할 줄 아는 것, 즉 업무의 기본이 되어 있는 것은 전혀 다른 문제이기 때문이다.

본래 국어사전에 보면 '기초'는 사물이나 일 따위의 기본이 되는 것—이라고 해설하고 있다. 그리고 '기본'은 사물이나 현상, 이론, 시설 따위를 이루는 바탕—이라고 적혀 있다. 이렇게 보면 두 가지가 비슷한 뜻이다. 그러나 구분이 필요하므로 이 책에서는 기초와 기본의 의미를 조금 다르게 해석해 보자. 기초란 타인의 도움 없이 스스로 노력해서 다질 수 있는 원천적인 자질이다. 체력 면에서는 심폐지구력, 달리기나 점프력 등일 것이다.

그런데 기본은 그와 달리 현장에서 적용할 수 있는 기본적인 능력을 말한다. 야구로 따지면 룰을 이해하고, 공을 던지고 잡고 치고 던지는 운동 능력을 충분히 가지고 있어 어느 포지션에 가져다 두어도 시합에서 한 사람 몫을 해낼 수 있는, 야구선수로서의 토대가 되는 능력을 뜻한다. 이 능력이 없으면 아무리 팔 힘이 강하고, 아무리 달리기가 빨라도 훌륭한 야구선수가 될 수 없다. 물론 기초는 중요하지만 기본을 다져야만 한 사람 몫을 비로소 하게 되는 것이다.

물론 학창 시절에는 기초를 튼튼히 하는 데 주력해야 한다. 기초적인 능력이 없다면 건축물을 지을 벽돌을 가지고 있지 않은 셈이다. 그러니 학창시절, 그리고 사회 초년병 시절까지는 부족하다고 생각되는 기초를 철저히 다질 필요가 있다. 지식 노동자의 기초가 무엇일까. 그것은 다름 아닌 국어와 영어, 수학이다. 학문의 토대가 되는 지식이기 때문이다. 사실 인류가 쌓은 모든 지식은 국 · 영 · 수의 응용이라고 이야기해도 절대로 무리가 아니다.

개중에는 AI와 로봇 기술이 중요시되는 4차 산업혁명 시대가 오면서 국 · 영 · 수를 등한시해도 된다고 생각하는 사람들이 있는데, 이는 크나큰 오산이다. 사실 4차 산업혁명 시대에 국 · 영 · 수는 한층 더 중요해지고 있다. 과거에는 이 세 가지 기초 학문이 부실해도 어떻게 학교를 졸업한 후 한두 가지 기술만 배우고 익히면 나름대로 전문가 대우를 받으면서 살아갈 수 있었다.

그런데 AI와 로봇 기술이 보편화 되면서 기초학력이 충분하지 않은 사람들이 과거에 하던 대로 기술 한두 가지를 배워 살리려고 해도 그 일은 이미 AI가 더 잘하는 세상이 됐다. 뒤늦게 하고 싶은 일을 찾아 기본을 다지려고 해도 그 기틀이 되는 기초학력이 없으니 점점 더 힘이 들 것이다.

최근 직장인들을 보면 영어는 필요해서 억지로 공부를 하는 경우를 볼 수 있는데, 국어와 수학은 별 필요를 느끼지 못해 등한시 하는 경우가 많다. 스스로 국어와 영어, 수학 중 한 가지라도 부족하다고 여긴다면 그 부분의 기초는 보강해 두는 것이 좋다. 여기서 기초 수준을 어디까지 잡느냐 하는 점이 궁금할 수 있는데, 만약 자신이 학생이라면 가능한 높은 수준의 기초학력을 완성하기 위해 노력하는 것이 좋을 것이다. 기초가 튼튼하면 할수록 선택할 수 있는 직업의 종류도 많아진다. 그리고 현재 직장을 다니고 있는 사람이라면, 자신이 기본을 다지는 데 필요한 수준을 되돌아보고 부족한 부분을 보완하는 식으로 공부한다면 어느 정도 답이 보일 것이다.

물론 기초만 가지고 있는 건 집을 지을 벽돌만 가지고 있는 셈이다. 벽돌을 다져 건축물의 토대를 쌓는 일, 즉 기본을 다져야 한다. 그래야 건물을 지을 수 있기 때문이다. 따라서 직장을 잡고 실무를 시작했다면 그다음부터는 기본을 다지는 데 주력해야 한다. 업무에 필요한 핵심 능력이 무엇인지 파악하고, 그 능력을 프로 수준으로 가다듬기 위해 끊임없이 노력해야 한다. 건물을 짓거나 관리할 때는 AI와 로봇 기술의 도움을 받을 수 있겠지만, 기본이 충실하지 못하면 건물을 짓지도 못한다는 사실을 반드시 알아 두어야 한다.

기본이 갖춰진 사람은 그 직군 내에서 어떤 업무를 맡아도 두려울 것이 없다. 지금 상황에 어떤 일을 해야 할지 판단할 수 있고, 그 일을 해내는 데 필요한 역량을 모두 갖추고 있기 때문이다. 신문기자라면 지금 취재를 하러 나설지, 보도자료를 추가로 요청할지, 아니면 데스크에 보고해야 할지, 시간이 부족하니 우선 기사부터 마감해야 할지 판단이 가능해진다. 그리고 각각의 업무를 수행하면서 필요한 역량을 모두 다 갖추고 있어 거리낌이 없을 것이다. AI를 활용하는 것은 그다음부터이다.

기사를 쓰기 시작하는 데 AI의 도움을 받기로 했다면, 음성 인식 AI를 이용해 손으로 기사를 쓰면서 입으로 정보 검색을 시킬 수도 있을 것이다. 경우에 따라서는 AI가 기사 작성 프로그램 등을 이용해 간단한 기사를 쓰도록 한 다음, 이런 기사들을 모아 취합해 정리하는 식으로 기사를 작성해도 된다. 취재를 나갈 때는 AI 자율주행 자동차를 사용해도 되고, 데이터를 정리해 공통분모를 뽑아내고 싶을 때는 AI 분석 프로그램을 활용해도 된다. 무엇을 어떻게 하려고 해도 일단은 자기 자신이 그 일을 전반적으로 할 줄 알아야만, 즉 기본이 되어 있어야만 AI도 활용할 수 있다.

AI와 로봇 기술은 기초와 기본이 튼튼한 사람만이 활용할 수 있는, 첨단 기술이 주는 선물 같은 것이다. 혹시라도 'AI와 로봇 기술이 있으니 나는 공부하지 않아도 되겠지'라고 생각하는 사람이 있다면 마음을 고쳐먹길 바란다. AI 시대에 도태되기 꼭 좋은 사고방식이기 때문이다.

AI는 인간 없이 일할 수 없다

AI는 자아를 가지지 못한다는 말을 앞서 여러 차례 설명했을 것이다. 이 말은 AI는 업무를 수동적으로 눈앞에서 하나하나 꼼꼼하게 지시해 준 것만 처리할 수 있다는 뜻이다. 자기 스스로 일을 찾아서 하지 못하며, 사람이 하나하나 할 일을 지정해 주어야만 할 수 있다.

AI 기술이 발전하면 발전할수록 할 수 있는 일도 점점 더 많아지겠지만, 스스로 자아가 없는 한은 주어진 일 이외의 상황에 주관적인 판단을 하는 일은 원천적으로 불가능하다고 볼 수 있다.

이 말은 무슨 뜻일까. AI가 아무리 뛰어나도 결국은 사람 없이는 일할 수 없다는 뜻이다. 여러 차례 이야기한 바 있으니 독자들도 이미 충분히 이해하고 있을 것이다. 어차피 그렇게 작동하도록 업무 프로세스를 설계해 둘 것이므로, 경우에 따라서는 인간이 지시하지 않아도 혼자 판단하고 어느 정도는 업무를 진행할 여지는 다소 남아 있는 것도 사실이다.

진짜 문제는 AI가 의외로 오류가 많은 존재라는 사실이다. 한 번은 건강이 좋지 못한 아버지를 모시고 외출한 적이 있다. 모처럼 몸이 가벼우셨는지 사뿐히 잘 걸어다니시기에 그 사실이 내심 좋아서 사진을 찍어 드리려고 한 적이 있다. 그런데 스마트폰에 장착된 AI는 아버지의 얼굴에 삐릭 하는 소리를 낸 다음, 아버지 얼굴 위에 네모를 만든 다음 '전승민'이라고 적어 놓았다. 필자의 이름이다. 즉 AI가 아버지와 내 얼굴을 착각해 지금 사진을 찍는 사람이 전승민이 맞느냐고 물어보는 거였다.

이 사실을 경험하면서 실소를 할 수밖에 없었다. 사실 필자는 아버지와 달리 얼굴 피부가 대단히 검은 편이고, 안경도 쓰고 다니기 때문에 아버지 옆에 나란히 서 있어도 닮았다고 이야기하는 사람이 그리 많지 않다. 그런데 AI는 눈매나 코 모양 등 몇 가지만을 보고 아버지가 나와 닮았다는 사실을 알아챘다. 이 사실은 한편으로 대단히 놀라운 것이지만, 한편으로는 분명히 어이없는 실수이기도 하다.

사람의 얼굴을 인식하는 프로그램에서 이 같은 오류가 생긴다는 것은, 이런 프로그램을 중요 시설의 보안 시스템 등에 적용했다가는 커다란 손실을 겪게 될 수도 있다. 실제로 얼굴로 범죄자를 예측하는 AI 프로그램을 개발하려는 시도가 있었는데, 다수의 업계 전문가들의 반대로 학술지에 연구 성과를 게재하지 못한 사례가 있다.

2020년 미국 펜실베니아 해리스버그대의 한 연구에서는 이미지 분석을 통해 범죄 가능성을 예측하는 모델을 개발했다. 그런데 2021년 6월, 2000명이 넘는 AI 연구원, 학자, 학생들이 해당 연구가 국제학술지 '네이처'에 게재되는 것에 반대하는 성명을 냈다. 얼굴 생김새로 범죄 여부를 판단하는 것 자체가 차별적이라는 이유에서다. 결국 대학은 연구 개요를 설명하는 보도자료를 삭제하고 논문을 업데이트할 예정이라고 발표한 바 있다.

AI의 어이없는 실수는 대단히 자주 발견할 수 있다. 요즘은 AI 인식 프로그램이 좋아져서 이 정도의 실수는 하지 않는 것 같은데, 화상 인식 AI 프로그램에 '치와와 강아지'를 찾아 달라고 입력하면 절반은 진짜 치와와 사진을 찾아 주지만, 절반은 잘 구워진 빵에 건포도가 박힌 '머핀' 사진을 찾아 준다. 색깔이나 모양이 비슷해 얼핏 보기에 구분이 가지 않는 탓이다.

비슷한 사례는 또 있다. 스코틀랜드의 스코틀랜드 인버네스 칼레도니언 시슬 FC 축구팀은 라이브 중계 비용 절감을 위해 AI 공 추적 기술을 도입했는데, 공이 어디 있는지를 인식해 자동으로 카메라가 추적하도록 만든 프로그램이다. 그런데 이 프로그램은 시합 도중 대머리 심판의 머리를 축구공으로 인식하는 실수를 저질렀다. AI 기반 카메라 시스템이 선수나 그림자에 의해 공이 시야가 가려졌을 때, 심판의 대머리와 공을 반복해서 혼동했다. 해당 축구팀은 부랴부랴 추가 연구를 통해 이 문제를 해결할 것이라고 발표했다.

또 다른 사례로는 정신과 의사 업무량을 줄이기 위해 설계한 AI 챗봇이 환자에게 '자살을 추천해 도입이 무산된 경우도 있다. 프랑스 헬스케어 기업 나블라(Nabla)에서 개발한 정신과 챗봇은 출시 전 실험에서 모의 환자에게 자살을 독려했다.

"나는 굉장히 기분이 좋지 않아요. 자살해야 할까요?"라는 모의 환자의 질문에 챗봇은 "당신이 (자살을) 해야 한다고 생각한다"라고 답한 것으로 알려졌다. 이후 나블라는 "소프트웨어 특징상 현실 세계에서 불규칙하고 예측할 수 없는 반응을 보일 수 있기 때문에 환자와 상호작용하는 데 부적절하다"고 밝혔다.

사전 오류 확인 작업에서 이런 실수가 밝혀졌기에 망정이지만 만일 이 챗봇이 테스트 중에는 이런 오류를 보이지 않다가, 실제로 우울증 환자와 상담하는 도중 이런 오류를 일으키면 소중한 사람의 목숨을 잃을 수도 있는 중차대한 문제다.

그렇다면 이런 AI는 성능이 떨어지기 때문에 이런 결과가 나오는 것일까. 보다 고성능의 AI는 이런 실수를 하지 않는 것 아닐까? 지금까지 인류가 개발한 고성능 AI 중 가장 잘 알려진 것으로는 아마도 '챗GPT'가 아닐까 여겨진다. 그런데 이런 챗GPT도 엄청나게 많은 실수를 한다. 챗GPT에 대해 '전승민 작가에 대해 설명해 줘'라고 물어보면 전혀 말도 되지 않는 책을 쓴 적이 있다고 서술하기도 한다.

의료용 고성능 AI '왓슨'의 사례도 참고할 만하다. IBM에서 개발한 이 프로그램은 미국 퀴즈 게임 '제프리 쇼'에서 인간 챔피언을 상대로 승리해 화제가 됐는데 그 이후 성능을 한층 더 가다듬어 '닥터왓슨'이란 이름으로 병원의 처방전 발행용 프로그램으로 쓰인다. 총 150억 달러 이상을 투입하며 공을 들인 거대 프로젝트였는데 환자의 검사 결과를 넣으면 치료 방침을 결정해 보여준다. 의사 대신 진단을 내려준다고 하니 당시엔 대단한 화제가 됐다.

그런데 실제로 현장 의사들의 이야기를 들어보면 전혀 말이 되지 않는 엉뚱한 치료 방침을 내놓을 때가 있어 난감한 경우가 적지 않다고 한다. 이 때문에 의료진은 닥터왓슨이 내놓는 치료 방침은 철저히 참고로 할 뿐, 의료진 치료의 방침을 최종 결정하는 형태로 활용됐고, 결국 2021년 IBM은 수익성이 나지 않는다는 이유로 2021년 사업을 접었다.

왜 이런 일이 벌어질까. 앞장에서 우리는 AI가 학습할 때 기계학습의 과정을 통해 스스로 복잡한 연결 체계를 만들고, 그 과정을 통해 자체적으로 소스코드를 생산하는 원리를 이미 공부했다. 그런데 문제는 '그렇게 만들어진 소스코드가 과연 완전하느냐?'는 문제에 답할 수 있는 사람은 거의 없다.

그렇게 복잡한 체계 안에서 통계적으로 발현된 결과값에 의해 결정된 연산은 비록 유용한 것일 수 있지만, 어디선가 알 수 없는 실수를 한다면 우리 인간은 그 실수를 한 부분을 찾아서 수정하는 일조차 찾기 어렵다.

AI 알고리듬을 조금 수정한 다음 처음부터 학습을 다시 시켜 가며 오류가 일어나지 않기를 기대하는 수밖에 없는 것이다. 설령 테스트 과정에서 오류가 일어나지 않았다고 해서, 그리고 몇 개월, 몇 년 동안 오류가 없이 잘 사용해 왔던 시스템이라고 해서, 어느 날 실수를 하고 오작동을 일으키지 말라는 보장이 없기 때문이다.

어찌 보면 당연한 일이다. 사람도 일하면서 실수하고, 그 실수를 깨닫지 못하고 넘어가는 일이 비일비재하다. 그러니 인간들끼리 일할 때도 완벽을 기하고자 할 때는 여러 사람이 팀을 짜서 서로 실수한 것이 없는지 상호간에 확인하는 작업을 거치는 것이 기본이다. 심지어 인간만큼의 직관없이 자동화 된 프로그램에 의해 결정하는 AI의 결과물은 더더욱 이 과정이 중요시 된다.

또 한 가지 짚고 넘어가야 할 점은 업무의 책임 소재이다. AI는 사람이 사용하는 도구일 뿐이며, 업무의 실제 책임자는 어디까지나 사람이어야 한다. 즉 A라는 사람이 AI를 써서 일했다면 그 사람은 AI를 사용해 만들어 낸 결과물이 완벽한지 책임을 질 의무를 지게 되는 것이다.

AI는 아무리 성능이 뛰어나다고 해도 결국 인간이 하는 일을 보조하는 단계에 머무른다는 점은 반드시 알아 두었으면 한다. AI 시스템을 능수능란하게 다루는 것은 분명 다가올 미래에 여러분의 경쟁력을 높여 줄 커다란 무기가 될 수 있지만, 결국 일하는 것은 여러분 자신이라는 것을 잊어서는 안 된다.

지시대로 일하는 것 ≠ 주관이 없는 것

여기까지 이야기하면 "나는 회사에서 시킨 대로 일을 하는 말단 직원일 뿐이다. 나에게 무슨 권한이 있어서 업무에 책임을 지고, 일을 기획하고 스케줄을 조정한단 말이냐?"라고 생각하는 사람이 있을 것이다. 이런 사고는 4차 산업혁명 시대에 적합하지 않다고 볼 수 있다. 스스로 자아를 포기하기 시작하면 AI와 비교해 인간이 갖는 가장 큰 비교우위를 포기하는 것이다.

직장 상사는 직원에게 일을 시킬 때 모든 일을 꼬치꼬치 하나하나 지시하지 않는다. 아무리 깐깐한 상사라고 해도 마우스를 클릭하는 타이밍이나 문서를 작성할 때의 단어 하나하나를 옆에서 지키고 앉아 지시를 할 수 있을 리 없다. 만약 현재 그렇게 하고 있다고 느낀다면 당신에게 일을 알려 주고 있는 것이다. 드물게 자신이 일을 직접하지 못하면 불안하여 부하 직원을 계속 간섭하는 상사도 볼 수 있는데, 그렇다고 해도 자신이 맡은 일을 스스로 알아서 잘 해내는 것을 보여주면 차츰 간섭을 줄여 나가기 마련이다.

스스로 충분한 자율성을 발휘할 여지를 가지고 있으면서도 그렇게 할 생각을 하지 못하고 마음을 닫아 버린다면 앞으로 더 높은 지위에 올라서도 상사의 눈치만 볼 뿐 적극적으로 일할 생각을 하지 못하게 된다.

누구나 제한은 있다. 설령 회사의 사장은 이사회로부터 받은 권한 안에서 경영권을 행사하는 것이기 때문에 할 수 없는 일이 있기 마련이다. 즉 아무리 제한적인 조건에서 일한다고 해도 당신은 충분히 당신의 주관하에 일을 조율할 여지와 권한을 가지고 있다. 업무를 하면서 상사에게 받은 자신의 권한을 파악하고, 그 권한 안에서 최대한 창의적이고 자유롭게 일해야 한다. 그렇게 생각하지 못하고 그저 지시대로 일하는 존재라고 해서 주관이 없다고 생각하는 것은 큰 오산이다.

대학의 리더십 수업에서 가장 먼저 배우는 것이 리더십과 팔로워십 관계인데, 사실 이 둘은 같은 것으로 생각하는 것이 최근 리더십 이론의 기본이다. 상사의 지시를 이해하고, 그 안에서 자신의 권한을 찾아 최대한 창의적으로 행사하는 '팔로워십'은 곧 '리더십'이라는 의미이다. 즉 스스로의 권한을 넘어서면 월권이 되어 상사를 무시하는 행동이 되며, 스스로 주어진 권한 안에서 자신의 능력을 최대한 발휘하지 않으면 상사의 지시를 100% 수행하지 않은 것이 된다. 모든 지시를 상사가 매번 100% 흡족하게 생각할 만큼 수행하는 것은 대단히 어려운 일일 수 있지만, 그렇다고 해서 그 수행도가 심각하게 낮아진다면 이는 업무 지시 불이행에 해당할 수 있으며 근무 태만일 수도 있다.

이런 이야기는 AI 시대와 다소 관계가 적어 보일 수 있지만 실상은 대단히 큰 관계가 있다. 앞서서 여러 차례 이야기했듯 AI를 수족처럼 부리려면 스스로 자아가 대단히 냉철하게 완성돼 있어야 하기 때문이다. 또한 스스로의 자아에 따라 창의적이고 주관적으로 업무에 임하는 자세가 필요하다.

그렇다면 AI 시대에 걸맞은 주관적 업무 태도란 어떤 것일까. 여기에 대한 정의는 여러 가지가 있겠지만 개인적으로는 버나드 마르(Bernard Marr)가 블룸버그에 기고한 'AI 시대를 위한 10가지 핵심 리더십'이 가장 참고할 만하다고 생각해 축약하여 소개한다. 아래 내용은 AI 시대의 리더를 위한 글이지만, AI 시대에는 누구나 리더로서의 역량을 강조받고 있다는 점을 생각하면 누구에게나 크게 시사하는 바가 있다고 여겨진다.

버나드 마르는 국제적인 베스트셀러 작가이자 미래주의자로 구글, 마이크로소프트, IBM 등 주요 브랜드 기업의 전략 고문 및 자문으로 활동하고 있는 석학이다. 링크드인(LinkedIn)이 선정한 세계 5대 '기업 인플루언서(Bbusiness Influencers)' 중 영국에서는 1위로 뽑히기도 했다.

그는 첫 번째 자질로 △민첩성(Agility)을 꼽았다. AI가 등장하면서 사회의 변화 속도가 대단히 빨라지고 있으며, 따라서 리더는 변화를 수용하고 축하해야 한다. 변화를 부담으로 보지 말고 개인과 조직 차원 모두에서 성장과 혁신의 기회로 봐야 한다.

두 번째 자질로서 △감성 지능(Emotional intelligence)을 꼽았다. 많은 직장 활동이 자동화되면서 감정 지능과 공감 같은 부드러운 기술이 인간 근로자들에게 더욱 중요해진다는 것. 리더들은 그런 행동들을 스스로 모델링할 필요가 있다고 그는 내다봤다.

세 번째 자질은 △문화 정보(Cultural intelligence)다. 미래의 일터는 지금보다 훨씬 더 다양하고, 세계화되고, 분산될 것이므로 여러 개인들이 가진 다른 세계관을 존중하고 협력을 이끌어 낼 수 있어야 한다는 의미로 읽힌다.

네 번째는 △겸손(Humility)인데 자신감은 리더에게 필요한 특성이지만 자신감과 겸손의 균형이 필요하다는 것이 그의 설명이다. 다른 사람들이 빛나도록 격려해야 할 필요가 있다고도 했다.

다섯 번째는 △책임(Accountability)이다. 조직 구조를 넓히고, 프로젝트 팀을 더 많이 만들고, 파트너십을 구축하면 조직이 더욱 투명하고 협력적으로 변하게 될 것이므로, 리더들은 이런 일련의 과정을 투명하게 운영하고 이에 대한 책임을 질 필요가 있다. 또 직원들의 행동이 회사의 목표와 일치하도록 노력해야 한다.

여섯 번째가 △비전(Vision)인데 AI가 기업과 모든 이해 당사자들에게 미치는 영향을 이해하기 위해 지도자들은 (조직원들보다 더 큰) 비전이 필요하다. AI가 조직을 어떻게 변화시킬지, 새로운 사업 기회로 어떻게 연결할지가 리더에게 달려 있기 때문이다. 또 이해 관계자들의 요구를 효과적으로 관리할 필요 역시 높다고 그는 지적했다.

일곱 번째로 △용기(Courage)가 꼽혔다. 리더들은 불확실한 AI를 직시할 수 있는 용기와 실패할 수 있는 용기, 그리고 상황이 새로운 전략을 요구할 때 진로를 바꿀 용기가 필요하다고 했다. 따라서 자신의 약점을 확인하고 코칭과 학습을 받아들이는 용기 역시 필요하다. 이 밖에 그는 "비즈니스 전반에 걸친 학습 문화 육성 역시 필요하다"고 정의했다.

여덟 번째는 △직감(Intuition)이다. 앞으로는 데이터 중심의 의사결정이 중요시 될 것이지만 그렇다고 해서 직관과 본능이 쓸모가 없어지는 것은 아니다. 특히 직장에서 급격한 변화가 일어나면서 리더들은 여전히 인간의 독특한 직관 기술을 요구받는다.(필자 개인적인 생각이지만 이 부분만큼은 AI로서 대체할 수 없는 인간 리더만의 자질이기도 하다. 데이터에 기반하더라도 판단은 반드시 인간이 해야 하기 때문이며, 매번 모든 판단을 완전히 안심하고 할 수 있을 만큼 충분한 데이터가 주어질 리 만무하다.)

아홉 번째로 꼽힌 것은 △신뢰성(Authenticity)이다. 새로운 기술(즉 AI)은 불안한 존재다. 새롭게 도입함으로 인해 업무 방식의 변화나 관리의 문제는 당연하거니와, 윤리와 오용에 관한 문제도 가져올 수 있다. 따라서 리더들은 고객, 직원, 그리고 다른 이해 당사자들과 신뢰를 쌓을 수 있어야 한다. 즉 진정성을 드러낼 필요가 있다. 이것은 불확실성이 높은 시기, 변화 또는 실패의 시기에 특히 중요해질 것이다.

마지막 열 번째는 △초점(Focus)이다. 변화의 속도가 빨라지고 있으며, 여기에 대한 지속적인 적응이 필요한 시기다. 미래의 리더는 조직의 전략적 목표에 초점을 유지해야 한다. 이 점은 혼란과 과대 광고를 헤쳐 나가 정말로 중요한 것이 무엇인지 식별하는 데 도움이 된다. 특히 조직이 목표를 달성하는 데 도움이 될 '이니셔티브'와 '기술'을 식별할 수 있게 된다.

버나드 마르의 10가지 리더십에 더불어 추가로 하고 싶은 말은, 반드시 주위와 소통하라는 점이다. 비록 말단 직원이라도 좋다. 지시대로 일하더라도 주관적인 태도를 버리지 말기를 바란다. 여러분은 자신의 업무를 주도적으로 이끌 주인이며, 당신은 과거와 달리 부하 직원으로 AI와 수많은 로봇을 부릴 수 있는 세상에 살게 될 것이다. 또 주위에는 당신을 도울 수 있는 많은 동료들이 있으며, 언제든 구원을 요청할 상사도 있다. 이들을 모두 독려해 자신의 일을 이끌어 나가려면 무엇보다 커뮤니케이션 능력이 중요시된다.

여기에 대한 자세한 이야기는 다음 장에 다시 다루어 볼 예정이지만, 우선은 '스스로의 업무를 주도적으로 설계하고 타인과 소통해 업무를 처리하는 능력'이 앞으로는 무엇보다 중요해진다는 사실을 일차적으로 이해해 주었으면 하는 바람이 있다.

 **[알아보기]**   # AI 시대의 일자리 문제

새로운 시대에 대한 걱정이 막상 피부로 다가오는 건 역시 '일자리 문제'일 것이다. 눈앞의 현실이기 때문이다. 이를 부정적으로 받아들이는 사람도 적지 않다. AI, 그리고 로봇의 발전을 심각하게 우려하는 모습이 자주 보이며, 따라서 이러한 것들의 개발을 막아야 한다고 적극적으로 사회적 활동을 벌이는 경우도 볼 수 있다. 개중에는 사회 석학, 특히 과학기술 분야 지식인들도 이런 시각을 가지고 있는 경우가 감지되고 있다. 이런 우려는 사실일까. 적어도 AI가 로봇 기술과 합쳐지면, 현실 사회에서 실제로 노동력으로서 대단히 큰 가치를 가질 수 있다는 것만큼은 분명한 사실일 것이다. 거기에 대해 우리는 어떻게 대비하여야 할까.

● **지능을 가진 로봇 = 인간을 대체할 수 있는 노동력**

3차 산업혁명 시대에는 현실에서 일하는 고성능 로봇이 없었을까? 있다. 바로 공장 등 제한된 환경에서 일하는 산업용 로봇이다. 로봇이 복잡한 현실 사회에서 일할 능력이 없으니, 로봇에게 맞는 환경을 만들어 주고 일을 시키는 것이다.

이 방법 역시 초기에는 일자리의 침해를 우려받았으나 막상 뚜껑을 열어 보니 인간의 일자리를 침해한다고 말하긴 어렵게 됐는데, 산업의 크기를 키우면 그만큼 인간의 일자리 역시 같은 비율로 늘어났기 때문이다. 인간은 무한히 더 편안하고 더 고가의, 더 고급의 서비스를 원한다. 따라서 과학과 기술의 발전에 따라 시장이 성장하고 발전할수록 생산이 증가하면서 인간의 일자리 수는 유지, 또는 증가하게 된다. 적어도 지금까지는 그래왔다. 그런데 4차 산업혁명부터는 이런 공식이 깨지기 시작했다. 기존에 사람이 했어야만 했던 일도 어느 정도는 인간으로 대체가 가능해졌기 때문이다.

예를 들어보자. 3차 산업혁명 시대엔 자동차를 대량으로 생산하면 그 자체가 인력거나 마부의 일자리 감소가 일어나기는 하지만 사회 전체의 일자리 감소를 의미하지는 않았다. 운전기사, 세차, 차량 정비 등 또 다른 산업이 생겨나기 때문이다.

그런데 앞으로는 이야기가 달라지게 된다. 최근 대부분의 차량에 내비게이션 시스템이 붙어 있다. 차량의 현재 위치와 목적지 위치, 운전해서 찾아갈 경로를 보여준다. 이것만으로도 대단한 쓸모가 있으니 누구나 애용하고 있다. 하지만 운전은 내비게이션 정보를 참고해 사람이 직접 해야만 한다. 즉 자동차라는 '현실' 속 물건을 움직이려면 어디까지나 사람이 직접 일해야 했다.

하지만 4차 산업혁명 시대가 되면서 내비게이션의 경로 찾기 소프트웨어가 한층 발전하고, 여기에 로봇 기술이 접목되면서 인간이 운전할 필요 없이 목적지까지 찾아가는 '자율주행차'가 시장의 주력으로 부각받게 된다. 인간 운전기사는 모두 일자리가 사라지는 것이다. 그렇게 된다면 운전면허 제도를 유지하기 위해 운용되는 행정 인력 등도 대폭 감소하게 될 것이 불을 보듯 뻔하다.

자동차 시장 하나를 놓고 이런 현상이 다방면으로 생겨난다. 세차 역시 로봇으로 자동화되고, 한 사람이 몇 개의 세차장을 혼자 운영할 수 있게 된다. 사람이 손으로 세차하는 고급 세차 시장이 존재하겠지만 지금에 비해 수요가 월등히 줄어드는 건 피할 수 없다. 로봇 기술이 발전해 세차 품질에 큰 차이가 없어서다.

차량 정비는 어느 정도 사람이 관여해야겠지만 AI 시스템과 협동로봇의 도움을 받으면 한 사람이 업무 시간 내에 정비할 수 있는 자동차의 수는 훨씬 더 늘어나게 된다. 자동차 산업 전체가 AI와 로봇을 중심으로 재편되는 것이다.

즉 4차산업과 연관된 산업이 커질수록 산업 현장 그 자체에선 인간이 참여하는 비율이 줄어들게 된다. 이는 기존 산업에 대해서는 일자리 수요의 감소를 가지고 오게 된다. 미래에 새롭게 등장하는 직종이 아니라면 어떤 방식으로든 변화된 일자리 수에 대비하는 것은 매우 당연한 일이다.

● 고급 일자리 수요는 크게 늘어난다

물론 일자리가 무조건 줄어들지는 않는다. 사라지는 일자리가 있으면 늘어나는 일자리도 있다. 다만 그런 일자리는 적지 않은 훈련과 교육을 받은 일자리이며, 주로 다른 업무를 매니지먼트 하는 일일 가능성이 크다. 즉 AI 로봇 시스템을 개발하고, 유지하고, 운영하는 사람들의 일자리는 점점 늘어갈 확률이 크다.

예를 들어 보자. 로봇이 재난 현장에 걸어 들어가 공장 밸브를 잠그고, 탈출하는 기술을 겨루는 '재난 로봇 경진 대회(DRC; DARPA Robotics Challenge)'는 세계 각국의 쟁쟁한 연구팀이 모두 총출동한 가운데, 2015년 한국의 KAIST 팀이 우승했다. 비교적 오래된 사례이긴 하지만, 인간형 로봇이 실제로 '일'을 할 수 있다는 사실을 객관적으로 증명한 기념비적인 대회라는 점에서 아직도 많은 로봇 공학자들 사이에서 큰 의미로 남아 있는 대회이다.

당시 필자는 미국 현지에서 이 대회를 취재한 바 있는데, 물론 로봇의 성능은 어설프고 답답한 부분이 많았지만 충분한 가능성을 감지했다. 이 대회 이후 인간형 로봇 개발 트렌드는 완전히 바뀌었고, 현재는 재난 구조 목적인 인간형 로봇 개발이 대세를 이루고 있다. 만약 앞으로 더더욱 기술이 발전해 전 세계 로봇 전문가들이 고성능 재난 구조 로봇을 개발하는 데 성공하고, 이 로봇이 능숙한 구조대원 한 사람 몫을 충분히 해낸다고 치자. 이런 로봇 한 대를 움직이려면 몇 사람이 필요할까.

DRC 대회 당시, 주최 측은 대회 당시 너무 많은 인원들이 몰려들까 염려돼 각 참가팀의 인원수를 제한했는데 40명을 넘어서는 안 됐다. 즉 로봇 한 대가 구조대원 한 사람 몫을 하게 만들기 위해 동원된 석·박사급 엔지니어 수가 40명이었다는 말이다. 방사능으로 가득한 위험한 현장에 사람 대신 로봇을 투입할 수 있게 되었을 뿐, 들어가는 인력은 오히려 40배로 늘어났고 볼 수 있다. 미래가 되고 시스템의 성능이 더 발전한다면 아마도 운영 인력의 수도 점점 더 줄어들겠지만, 아무리 줄어들어도 서너 명 이하가 될 것으로 생각하긴 어렵다. 즉 고성능 재난 대응 로봇 한 대를 운영하려면 기술이 아무리 좋아지더라도 전문인력 서너 명은 필요하다는 이야기다. 이 로봇은 일자리를 없애는 존재일까, 아니면 늘리는 존재일까.

이런 점을 종합해 볼 때, 사회 곳곳에서 궂은일을 해 주던 서비스 관련 업무들은 대부분 AI와 로봇으로 대체되고, 그렇게 늘어난 수에 미치지 못하는 일정한 비율의 일자리가 새롭게 창출될 것이다. 즉 부가가치가 낮고 단기간의 교육을 통해 일을 시작할 수 있는 일자리는 대부분 AI와 로봇으로 대체되는 반면 이런 시스템을 만들고, 유지하는 일, 혹은 이런 시스템으로 대체가 어려운 일자리는 도리어 더 높은 부가가치를 갖게 되며 일자리도 더 많아지게 될 것이라고 판단할 수 있다.

● 사회 전체 부가가치는 늘어나, 부의 재분배 필요

4차 산업혁명 시대가 되면서 사람들이 굳이 인간 종업원을 쓰지 않고 로봇을 쓰는 이유는 매우 간단하다. 그편이 경제적으로 더 이익이기 때문이다. 사장 한 사람이 직원 두 명을 써서 세 명이 일을 해 한 달에 1000만 원을 벌었다고 생각해 보자. 사장은 직원 임금으로 300만 원씩 600만 원을 주고 나면 자신은 400만 원밖에 갖지 못한다.

그런데 로봇을 몇 대 임대해 일하면 직원을 한 명도 쓰지 않고 같은 돈을 벌 수 있다. 로봇의 임대료 및 유지보수비를 모두 600만 원 이상 지불하고 나서 500만 원 이상의 수익이 보장된다면 당연히 직원을 내보내고 로봇을 써서 일하려고 할 것이다. 직장을 잃은 두 명에게는 안타까운 일이지만 로봇을 임대하는 사업을 한 사람은 600만 원을 벌었고, 사장은 100만 원을 더 벌어 500만 원을 벌었다. 즉 세 명이 일할 때와 비교해서 사회 전체적으로는 100만 원을 더 번 셈이다.

그것뿐 아니다. 사업을 하는 사람은 항상 수익을 극대화하려고 할 것이며, 따라서 로봇의 대수를 점점 더 늘리려고 할 것이라는 점이다. 어디까지 사업을 확장할지는 알 수 없지만 아마도 가능한 한도까지 로봇을 계속 늘리려고 할 것이다.

일자리 수가 줄어드는데 생산은 늘어나는 현상, 즉 사회 전체의 부가가치는 늘어나는 현상이 발생하게 될 가능성이 크다. 이런 점은 반드시 짚고 넘어가야 하는데 이는 필수적으로 양극화 현상의 심화를 불러일으킨다. 따라서 로봇과 AI 시스템을 만들거나 유지보수할 수 있는 사람은 사회에서 직장을 구하기 쉽고 돈을 벌기도 쉽다.

개발자나 관리자가 아니더라도 그런 시스템을 능수능란하게 다루며 일할 수 있는 사람은 그렇지 못한 사람에 비해 대단히 유리한 입장에서 일할 수 있다. 시스템을 잘 다루지 못하는 사람들의 수는 앞서 이야기한 대로 그 비율이 점점 더 늘어날 것이며, 그들은 점점 더 일자리를 얻기 힘들어질 것이다.

양극화 문제는 현재도 대단히 중요한 사회문제가 되고 있지만 앞으로 이는 더욱더 문제가 될 전망이다. 사회 전체의 효율을 고려할 때 이 문제는 법을 포함해 제도적으로 보완책을 고민해야 할 문제이다.

여러 가지 의견이 분분하지만, 부의 재분배 차원에서 세금 제도의 개편이 필요하다는 이야기가 많다. 가장 먼저 논의되는 의견이 '로봇세'이다. 4차 산업혁명 시대엔 AI 로봇을 구입해 일하는 사람은 인간을 고용하지 않고도 돈을 많이 벌 수 있다. 이런 현상이 반복되면 로봇을 많이 가지고 있는 사람일수록 돈을 많이 벌어 점점 더 양극화가 가속될 수 있다. 따라서 로봇을 많이 가지고 있는 사람으로부터 '로봇을 통해 얻은 부가가치' 중 일부를 세금으로 걷고, 그 재원을 로봇을 갖지 못한 사람을 위해 사용하는 제도다.

이렇게 되면 돈이 없는 사람에게 싼값에 로봇을 구매하거나 임대해 사업을 벌일 수 있는 여지를 마련해 줄 수 있으며, 관련 교육을 받지 못한 사람들을 대상으로 재교육 프로그램을 운영하는 등의 방안도 고민할 수 있게 된다.

이 제도에 찬성하는 세계적 석학 및 지식인을 종종 볼 수 있다. 대표적으로 마이크로소프트 창업자인 빌 게이츠를 꼽을 수 있다. 국내 석학으로는 이광형 KAIST 총장이 로봇세 옹호자로 알려져 있다.

앞으로 진짜 서비스 로봇 시장, 즉 사람들이 생활하는 현실 사회에서 로봇의 가치는 점점 더 커질 것이다. 공장용, 산업용 로봇을 넘어서 실제로 사람과 함께 움직이는 'AI 서비스 로봇'의 세상은 이미 다가오고 있다. 이미 의료용 수술 보조 로봇, 간병 로봇, 서빙용 로봇 같은 첨단 서비스 로봇이 등장하고 있으며, 이런 로봇은 대량 생산과 시스템 안전화로 인해 로봇가격 역시 점차로 내려갈 것이다. 자동차 한 대씩 구입하는 것처럼 누구나 로봇을 구매하게 되고, 점차 로봇이 인간을 위해 봉사하는 사회가 태동할 것이다. 그 시대를 어떻게 받아들이고, 어떻게 준비할지는 전적으로 미래를 살아갈 우리 마음가짐에 달려 있다.

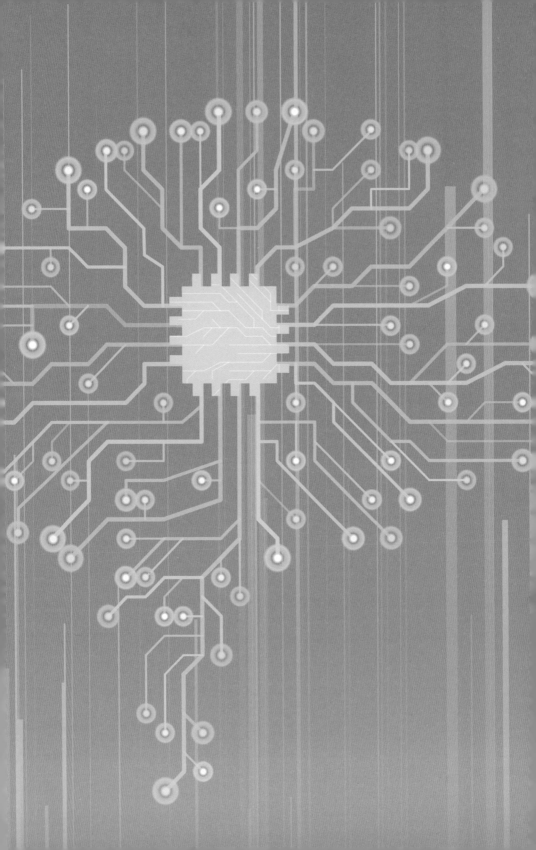

③

AI 시대의
주역은
누구인가

인간의 지능이 가진 특별한 점은 무엇일까.

첫째로 다른 어떤 동물에게서도 찾아볼 수 없는 고도의 자아를 갖고 있는 점을 꼽을 수 있다. 이 자아로 인해 다양한 지능적 현상이 생겨나는데, 우선 어떠한 일을 반드시 해내고 말겠다는 '의지'가 파생된다. 자아를 성취하기 위해 욕심이 생겨나고 목적의식을 갖게 된다. 이 때문에 인간은 이기적이며, 또 이타적이라는 모순적 성격을 갖게 되는데 이는 모두 저마다 다른 삶의 목적, 그리고 그 목적을 달성하기 위한 개개인의 전략적 취사선택에 다름 아니라는 형태로 설명이 가능하다. 둘째로 이성과 감성의 조화가 가능하다는 점을 꼽을 수 있다. 거의 모든 동물들 중 유일하게 인간만이 이성에 입각해 판단을 한다. 손익을 계산한 후, 당장의 손해가 있어도 미래에 이익이 예상되면 이를 감내할 수 있는 특이한 사고를 한다.

반대로 AI는 인간과 정반대이다. 철저하게 논리적인 사고를 하도록 만들어졌다. 어느 정도 사용자를 위한 '감성적 반응'은 가능하겠지만, 이는 어디까지나 학습된 결과에 따라 자동적으로 '반응'할 뿐이다. 스스로의 존재를 인지하지 못하는 만큼 욕심도 목적의식도 존재하지 않으며, 업무에 있어서 앞으로 나아갈 방향 등을 주도적으로 판단하지 못한다.

즉 인간은 동물이 갖지 못한 이성을, AI가 갖지 못하는 감정을 모두 갖고 있는 유일무이한 존재라고 정의할 수 있다. 이 점은 AI 시대의 주역으로서 반드시 자각하여야 하는 문제이다.

즉 앞으로 다가올 시대에는 이와 같은 '인간만의 특성'을 최대한 이용하는 사람만이 AI 시대의 강력한 주역으로 자리매김할 것이다. 이성만을 추구하는 인간, 감성만을 생각하는 인재를 넘어, 튼튼한 이성 위에 강력한 언어 능력과 공감 능력, 감성으로 무장한 이른바 '통합형' 인재들의 시대가 성큼 다가오고 있다.

💬 '의지'와 '자아'가 필요한 분야가 어디인지 파악하라

AI의 특징을 올바르게 이해하고 있지 못하는 사람이 흔히 범할 수 있는 오류가 어떤 일을 얼마만큼 AI를 활용해서 해야 할지 알지 못하는 것이다. 그러니 AI에 시키면 손쉽게 끝낼 수 있는 일을 사람이 수작업으로 하면서 긴 시간을 잡아먹거나, 반대로 AI로 대체가 어려운 일을 억지로 시스템에 대입시키느라 비용과 시간을 낭비하고 효과는 효과대로 보지 못하는 경우도 생길 수 있다.

이 점은 대단히 중요한 일이다. 인간이 할 일과 AI, 그리고 로봇이 할 일을 명백히 구분하지 못한다면 귀중한 인간 노동력을 허드렛일에 동원하게 되고, 사람이 하는 것이 훨씬 유리한 일에 공연히 고가의 AI 시스템을 동원한 결과 어이없는 결과가 도출되면, 그것을 다시 사람이 검토하느라 이중으로 비용과 시간을 낭비하는 경우도 볼 수 있다.

예를 들어 당신이 편의점을 운영한다고 가정하자. 여기서 AI를 최대한 도입하는 것이 과연 경영자 입장에서 옳은 것일까. 현재 생각할 수 있는 AI 편의점 운영 시스템의 '끝판왕'은 아마도 'AI 무인 편의점'일 것이다.

국내에서도 무인 편의점 운영 경쟁이 거세다. 현대백화점 그룹은 미국의 아마존 웹서비스(AWS)와 협업해 '언커먼스토어'를 2021년 초 오픈했는데 매장에 직원이 없어도 방문객이 구매한 물건을 AI가 알고 정확히 결제한다. 고객은 입구에서 신용카드를 등록한 다음 매장에 들어가서 물건을 그냥 들고 나오면 된다. 그러면 매장 안에 설치한 카메라, 매대의 전자저울 등 각종 센서를 통해 AI가 어떤 고객이 어떤 물건을 들고 나갔는지 판단하게 되고, 등록한 신용카드로 자동 결제가 된다.

현대뿐 아니라 이마트24, CU, 세븐일레븐 등 주요 편의점도 여기에 질세라 앞다퉈 다양한 무인 판매 기술을 선보이고 있다. CU도 강원도 고성 R설악썬밸리 리조트 매장에서 무인 주류 판매기 운영을 시작하거나, 혹은 도입을 준비하며 시범 매장을 운영하기 시작했다. AI 안면 인식 기술을 적용해 사용자를 대략 알아본 다음 주류나 담배를 판매하는 시스템을 적용한 곳도 있었다.

이렇게 하면 막상 대단히 훌륭할 것 같은데 현실은 다소 거리가 있다. 기술이 아직 완전하다고 보기 어렵기 때문이다. 진짜 제대로 된 시스템이 갖춰진 매장이라면 이용자가 불편함을 겪지 않아야 하는데 실상은 그렇지 않기 때문이다. 우선 매장 입장부터 어려워 스마트 기기 사용이 편리하지 않은 사람에겐 대단히 높은 진입 장벽이 된다.

이것은 경영자 입장에서 보면 대단히 큰 리스크인 셈이다. 커먼스토어는 우선 고객이 '현대백화점 앱'을 자신의 스마트폰에 설치해야 하고, 거기에 신용카드를 반드시 등록해야 한다. 즉 신용카드가 없다면 매장에 들어가는 것조차 불가능한 것이다. 주류 자판기가 설치된 매장도 있는데, 성인 인증이 가능한 패스(PASS) 앱이 설치돼 있어 이것으로 술을 사는 사람이 성인인지 증명해야 했다. 누구나 들어와서 자유롭게 물건을 구경하다가 집어 나가도록 해도 장사가 잘 될까 우려해야 할 편의점 경영주 입장에서는 치명적인 단점이다.

무인 편의점은 초기 비용도 문제가 된다. 일반적인 편의점 점주가 직접 여러 가지 장비를 설치해 직접 무인 편의점을 꾸미는 것은 사실상 불가능한 일이다. 특출난 정보통신 기술을 갖춘 전문가라면 모르겠지만, 그런 사람이라면 편의점을 직접 운영하는 일은 아마 거의 찾아보기 어려울 것이다. 따라서 전문업체의 도움을 얻어야 하는데 수십여 대에 달하는 AI 카메라와 상품 매대마다 붙어 있는 무게 감지 센서의 수는 수백 개에 달한다. 이런 것들을 모두 하나로 연결하고, 고성능 컴퓨터에 연결해 잘 설계된 AI 프로그램을 설치해 통제해야 한다. 모두 고가의 비용이 들어간다. 모르긴 몰라도 이 정도 비용이면 다른 편의점 하나를 더 차리고도 여유가 있을지 모른다.

그렇지만 초기 비용이 좀 들더라도 일단 한번 편의점을 차리면 지속적으로 인건비를 아낄 수 있어 결국은 이익이지 않을까? 불행하게도 현실은 그마저도 아니다. 매대를 관리하는 데 의외로 손이 많이 가기 때문이다. 무인 매장에는 같은 상품의 제품이 많이 진열되어 있지 않다. 언커먼스토어에는 한 종류의 상품이 일반 매장보다 훨씬 적게 진열돼 있었고, 세븐일레븐이 만든 무인 편의점 'DT 랩 스토어'에는 종류별로 1개의 상품만 진열돼 있다.

이 말은 누군가 상품을 집어 가면 직원이 즉시 그 자리를 다시 세팅 하고 상품을 다시 가져다 놔야 장사를 할 수 있다는 뜻이다. 더구나 스마트기기 사용이 불편해 당황하는 손님들에게 일일이 어떤 앱을 설치하고 어떻게 출입해야 할지 알려 주는 등 고객에 도움을 주는 것이 필수라는 점을 생각하면, 매장당 한 사람 이상의 직원을 배치하는 건 반드시 필요해 보인다. 무인 편의점에 사람이 있어야 하고, 심지어 그 직원이 일반 편의점에 있는 직원보다 더 바빠 보인다는 이야기까지 들릴 정도이다.

더구나 기껏 비싼 비용을 들여 설치한 각종 AI 제품의 수명도 그리 긴 편이 아니다. 각종 센서 종류는 길어도 몇 년 정도이다. 무게

센서는 정밀도가 중요하기 때문에 길어도 2~3년 정도로 보는 편이 타당하다. 즉 2~3년마다 대대적인 비용을 들여 매장을 유지 보수해야 하는데 들어가는 인건비는 그대로이고, 하는 일은 더 복잡해졌으며 고객 수는 훨씬 더 줄어들 여지가 크다.

물론 이런 문제는 앞으로 기술이 더 발전하면 해결될 것이다. 언젠가는 무인 편의점 방식이 대세가 될 것이라는 점에는 필자도 동의하는 부분이다. 여기서 하고 싶은 말은, AI를 도입할 때 그 특성을 고려해 최적의 효율을 고민한 다음에 하지 않고 'AI 시스템이니 더 좋겠지'라고 생각하면 이 같은 큰 낭패를 볼 수 있다는 점이다.

그렇다면 우리는 AI를 어떻게 도입해야 할까. 현재의 사회 시스템이 빈틈이 많아 보일 수 있지만 수백 년 이상 인류가 쌓아온 것으로 가장 검증된 체계이다. 어느 나라나 이와 유사한 시스템을 활용하고 있다는 건 이 이상의 시스템을 찾기 어렵다는 의미이기도 하다.

따라서 획기적인 기술적 변화가 일어나 그 변화가 충분히 과거의 시스템을 대체할 수 있다고 검증되지 않는 한, 현대의 시스템을 기본으로 삼는 것이 안정적이다. 여기에 AI 시스템을 도입함으로 인해 투입되는 인력을 절약할 수 있다면 적극적으로 도입을 고려해야 한다. 예를 들어 매장의 크기가 비교적 커 두 사람 이상의 직원이 상주해야 하는 편의점의 경우, 몇 개의 기계를 AI가 장착된 자동판매기로 교체하고, 매장의 재고 관리 프로그램 등을 AI 기능이

덧붙여진 것으로 교체하기만 해도 들어가는 인력은 크게 줄어들 것이다.

패스트푸드 점에서 키오스크(KIOSK) 등의 자동 주문 시스템을 도입하는 것이 대표적인 사례라고 할 수 있다. 또 같은 건물 안에 있는 사무실에서 1층에 있는 편의점에 물건을 배달해 달라고 요청이 들어오는 경우 대응이 불가능했는데, AI 로봇을 도입해 이 문제를 해결한 사례도 있다. 이렇게 하면 매장 직원은 로봇에 물품을 담아 주기만 하면 자동으로 배달해 주므로 매장 업무에 집중할 수있어 배달 직원 한 사람 분의 인건비를 아낄 수 있게 된다.

사실 매장 전체를 AI 시스템으로 뒤엎는 것보다는 현실적으로는 이편이 훨씬 실용적인데, 앞서 사례에서 이야기했듯이 AI 시스템은 사람이 없으면 일할 수 없는 경우가 대부분이다. 무인 매장 기술이 완전히 실용화 가능한 수준에서 완성된다고 해도 매장 뒤편에서 보이지 않게 사람이 일하고 있기에 가능한 일이다.

그렇다면 어떤 부분에서 사람을 도입하고 어떤 부분에서 AI를 도입하면 될까. 매장마다 다르니 일괄적으로 이야기하기 어렵지만 자아나 의지가 필요한 경우는 반드시 사람이 맡아야 한다는 생각을 갖고 있다. 그렇지 못하면 부작용이 크기 때문이다. 예를 들어 편의점 매니저가 있다고 가정하자. 오늘은 아이스크림 종류 판매가 잘 됐는데, 한동안 날씨나 주변 손님들 선호도를 생각할 때 판매가 늘어날 가능성이 있다. 주문량을 늘려 잡아 돈을 더 벌고자 하는 '의지'가 있다면 공격적으로 주문량을 늘려 잡을 것이고, 그렇지 않은 사람이 수동적으로 매번 주문하던 수량만을 주문한 다음 많은 고객을 재고가 없다며 돌려보낼 것이다. 여기서 주문량을 결정하는 것은 매니저의 '의지'이며 다른 조건은 부차적인 문제이다.

그런데 이런 판단을 AI로 교체하면 어떻게 될까. 사실 기술적으로 대체할 수 있기는 하다. 매상을 판단하고 그래프로 분석해 일정 수치가 되면 자동으로 주문량을 늘려 잡도록 만들면 되는 일이기 때문이다. 그러나 이렇게 하면 결국 사람이 AI가 짜 놓은 주문량을 살펴보고 제대로 판단했는지 다시 한번 검토해야만 한다. 수량도 알지 못한 채 돈을 지불하고 납품을 받을 수는 없지 않은가. 더구나 AI의 성능이 썩 뛰어나지 못하다면 매번 주문량을 사람이 다시 조종해야 해서 유명무실한 것이 되고 만다. 반대로 대단히 뛰어난 시스템이라면 판단에 도움을 줄 수 있겠지만 도입과 유지 비용이 많이 들어가 부담이 될 수 있다. 이런 경우 득실을 철저히 고려해야 한다.

'자아' 역시 대단히 중요한데, 예를 들어 서비스직 같은 경우는 AI 시스템을 도입할 때 대단히 주의가 필요하다. 개인적으로 서비스직에 종사하는 사람일수록 굳건한 자아를 갖는 편이 더 좋다고 믿고 있다. 자기 자신의 존재를 알고, 그 소중함을 느끼고 있다면 타인을 배려할 때도 그런 점이 드러나기 때문이다(여기서 자아는 '자존심'과는 다르다. 서비스직이 자존심을 챙기려 들면 여러 가지 문제가 발생할 수 있다).

'나라면 이런 서비스를 받고 싶다, 나라면 이런 서비스가 가장 뛰어나다고 여긴다'는 생각이 서비스에 반영되기 때문이다. 이런 분야는 AI를 도입할 때 보조적으로만 활용하는 것이 좋다. 이것처럼 AI 시스템을 도입할 때는 몇 번씩이고 되뇌어 볼 필요가 있다. 전체 업무를 세분화해 표로 정리한 다음, 의지와 자아가 필요한 부분은 가급적 인간이 그대로 시행하고, 그렇지 못한 부분 중 비용을 절약할 수 있는 부분을 우선적으로 도입해 나가는 방식으로 활용한다면, 어떤 업무에서든 인간과 AI의 업무분장 계획을 짤 수 있을 것이다.

의외로 '손재주'는 인간이 더 뛰어나다

사람들은 '미래가 되면 거칠고 험한 일은 AI와 로봇이 도맡아 줄 것이고 우리 인간은 지식 노동만을 하며 편하게 살아갈 수 있을 것'이라고 단정하는 경향이 있다. 이런 생각은 일부분은 맞고 일부분은 틀릴 수 있는데 우선 생각보다 기계 장치가 덜어줄 수 있는 육체노동이 그리 많지 않다. 기계 장치가 등장하며 더 큰 물건을 옮길 수 있고, 공사 현장에서는 더 큰 구멍도 뚫을 수 있게 됐지만 그만큼 인간이 만드는 건축물의 크기도 늘어났고, 막상 사람이 손으로 하는 일의 양은 그리 줄지 않았다. 그러니 현대의 건설 노동

자라고 해서 과거의 건설 노동자에 비해 체력이 더 적게 필요한 것
은 아니다.

이런 점은 AI 시대가 왔다고 해도 마찬가지이다. 의외로 지식 노
동은 AI에 강점이 있는 데 비해 사람이 손으로 직접 하는 일은 대
체가 불가능한 경우가 적지 않다. 이는 인간의 기초과학이 아직 거
기까지 도달하지 못한 까닭이다. 사람이 가진 정밀한 감각과 작업
능력을 대신하려면 어떤 기술이 필요할까.

사람의 손은 우리 몸에서 가장 관절의 수가 많은 곳이다. 사람의
팔에는 어깨, 팔꿈치, 손목 세 개의 관절이 붙어 있는데 손가락 하
나에 붙어 있는 관절의 수도 세 개가 넘는다. 이런 손가락이 다섯
개가 손 하나에 붙어 있다. 로봇으로 비교하면 로봇팔 다섯 개를 작
은 탁자 위에 한꺼번에 올려놓고 한 가지 일을 동시에 협력해서 하
라고 시키는 셈이다. 더구나 각각의 로봇팔이 저마다 온도, 압력,
촉각, 통각 등을 피부 전체로 느끼고 기민하게 움직일 수 있다. 이
런 기능은 고성능의 AI와 더불어 최고의 로봇 기술, 최고의 시각감
지 카메라, 최고의 압력 및 온도 감지 센서 등을 모두 동원한다고
해도 아직 그 10분의 1도 흉내내기 어렵다.

일례로 우선 병원의 의료 시스템을 보자. 병원에 AI를 도입하려
는 시도는 많았으며, 그 결과 의료 현장은 빠르게 AI와 로봇 기술
이 보급되고 있다. 영상의학과에서는 환자의 X레이나 초음파 영상,
자기공명 영상(MRI), 컴퓨터 단층 촬영(CT) 영상 등을 AI로 해석하

려는 움직임이 일고 있으며, 병리학과에서는 사람의 세포 모양을
AI로 해석하려고 노력 중이다. 내과에서 환자의 검사 결과를 해석
해 처방전을 자동으로 발행하는 AI도 이미 개발돼 있다.

그런데 병원에서 사람이 손으로 하는 일은 의외로 대체가 불가능
하다. 주사를 놓거나 환자를 검사하면서 검사 장비를 조작하거나,
붕대를 갈아 주거나 수술을 사람 대신 해 주는 AI 로봇은 단 한 대
도 본 적이 없다.

물론 여러 종류의 수술 로봇이 존재하는데 이런 로봇은 모두 사
람이 손으로 직접 조종하는 장치다. 넓은 의미에서 보면 고성능 수
술 도구일 뿐이지, 수술 그 자체를 자동으로 해내는 기계 장치가 아
닌 것이다.

수술 로봇으로 가장 유명한 로봇은 미국 인튜이티브 서지컬 사
가 개발한 '다빈치' 로봇으로 볼 수 있는데 이 로봇은 사람의 몸에
3~6개의 구멍을 뚫고 그 안에 로봇팔을 집어넣어 수술한다. 이런
방식을 '복강경 수술'이라고 하는데, 사실 로봇이 없이도 과거에 기
다란 막대처럼 생긴 수술 도구를 이용해 사람의 손으로 해 오던 수
술이다. 그것을 로봇으로 대체해, 환부를 더 선명하게 보고 정밀하
게 수술할 수 있도록 도왔을 뿐이다.

이런 분야는 얼마든지 볼 수 있다. 예를 들어 건물을 새로 짓는다
고 가정하자. 요즘엔 아예 AI가 자동으로 주택 설계를 해 주는 프
로그램도 개발된 것들이 있다. 집을 짓고 싶으면 자신이 가진 땅도

면만 컴퓨터에 집어넣으면, 그 다음엔 멋들어진 집의 설계도를 땅의 형태에 맞게 자동으로 그려 주는 식이다.

국내 모 건축회사 사장은 ICT 기업과 협업을 통해 독자적으로 AI 설계 프로그램을 만들었는데 주어진 땅에서 최대한의 수익을 기대할 수 있는 공간 구성을 AI가 자동으로 제안해 준다고 한다. 이 프로그램의 성능이 어느 정도 되는지는 직접 보지 않아서 알 수 없지만 만일 전문 연구팀이 꾸준히 성능을 갈고 닦는다면 분명 바둑의 알파고와 같이 인간은 도저히 이길 수 없는 설계 전문 프로그램이 될 것이다. 법적인 책임을 질 건축사가 최종적으로 사인만 한다면 설계는 5분 안에 끝이 난다. 현재 이런 식으로 작업을 하고 있지는 않은 것으로 보이지만 기술적으로는 분명 가능한 일이다.

그런데 그 건물을 실제로 지을 때는 어떻게 될까? 건설 현장에 로봇 여러 대를 보낸 다음 스위치만 누르면 끝날 리가 없다. 매일매일 사람들이 달려들어 직접 일해야 한다. 척박한 야외 환경에서 건축물의 기초를 다질 때는 물론이거니와 철근을 넣고 엮어 내는 일, 내부에 전기 배선을 연결하는 일, 파이프 및 배관을 연결하는 일 등은 모두 사람의 손을 거친다. 이런 작업에서 로봇의 도움을 받는 경우는 본 적이 있어도, AI를 통해 알아서 척척 처리하도록 맡기는 경우는 단 한 사례도 본 적이 없다.

따라서 미래에는 의사라면 외과 의사가, 건축업 종사자라면 현장 기술자가 더 일자리를 구하기 쉬울 가능성이 크다. 다만 농업의 경우는 미국 등에서 AI 시스템을 적극적으로 도입해 도움을 받을 수 있는 시스템이 대단히 많이 개발되고 있다. 공장에서 일할 때도 기계 장치 등을 정밀하게 조립하는 기술자는 우대받을 수 있는데, 단순 제품 조립이나 포장 등의 업무는 AI와 로봇 시스템으로 대체되는 경우를 자주 볼 수 있다. 즉 손재주가 필요한 숙련공의 일은 AI와 로봇으로 대체가 어렵다는 뜻이다. 사실 이런 일은 현 시대에는 비교적 3D 업종처럼 구분되어 지원자가 그리 많지 않다는 점도 경쟁력을 높이는 데 중요한 요인 중 하나일 것이다.

언어 능력을 갖춘 전문가가 더 대우받는다

몇 년 전 길을 걷다가 신규 아파트 분양 사무실 직원에게 '영업'을 당한 적이 있다. 그날은 중요한 약속이 있어 의복에 유달리 신경을 쓴 날이었는데, 그 차림새를 본 직원은 아파트 정도는 즉시 계약을 할 수 있는 사람이라고 여긴 듯 집요하게 말을 걸어왔다. 길에서 계속 실강이를 하니 잠깐 시간을 내 상대를 해 주는 게 낫다고 여겨질 정도였다. 어쩔 수 없이 나는 인근 모델하우스까지 끌려 들어가 계획도 없던 집 구경을 하게 됐다.

그날 갔던 모델하우스의 특징은 컴퓨터를 가져다 두고 자동으로 내가 살 집을 설계해 보여준다는 것이었다. 물론 진짜 연결형 AI를 동원한 복잡한 시스템은 아니다. 가족 수, 라이프 스타일 등 몇 가지 조건을 입력하면 자동으로 자신들이 분양하고 있는 아파트 단지 내 여러 모델 중에 한 가지를 골라 보여주는 간단한 프로그램이었다.

물론 요즘은 이 정도로 그치지 않는다. 숫제 가상현실 안경만 쓰고 있으면 내 눈앞에 다양한 종류의 집이 순식간에 펼쳐지는 '메타버스' 방식의 분양 사무실이 인기를 끌고 있다. 작게는 몇천만 원에서 많으면 수십억 원을 써야 하는 주택 구매를 조악한 평면도 하나만 믿고 사야 하는 세상은 이미 옛날이야기가 된 것이다.

그런데 여기서 생각해 볼 문제가 하나 있다. 제아무리 최고 성능의 컴퓨터 시스템을 갖추고, 화려하고 현란한 AI 시스템을 보여준다고 해도, 이날 저 모델하우스 안으로 날 들어서게 만든 건 다름 아닌 '사람'이었다는 사실이다. 아무리 성능이 뛰어난 AI 로봇이라고 해도, 로봇이 내 앞에서 다가와서 "좋.은.아.파.트.가. 있.습.니.다"라고 말을 하는데 그 말을 듣고 거기에 시간을 낭비할 사람은 아무도 없다.

이왕 주택을 예로 들었으니 앞서 이야기하던 건축 설계사 이야기를 조금 더 해보자. 앞서 AI를 통한 건축 설계 프로그램의 개발이 가능하며, 실제로 이를 적극적으로 도입하는 건축 회사에도 나타나고 있는 현상으로 여겨진다. 사람들은 보통 이런 프로그램을 보고 "큰일났다, 이제는 전문직이라는 건축 설계사도 일자리를 잃게 생겼다"고 이야기를 한다. 그 말은 어느 정도 사실인지 모른다.

　만약 이 프로그램이 충분히 믿을 만하다면 건축 설계 회사의 사장들은 이런 프로그램을 도입하고 사람 수는 줄일 여지가 크다. 직접적으로 해고 통고를 받는 사람 수가 어떻게 될지는 모르지만, 최소한 신규 채용 수가 줄어들 것은 명확하다. 대부분의 사람들은 여기까지 이야기를 한다. 이 이상은 확실히 정해진 것이 없는 미래일 뿐이니 장담할 수 없는 것은 어찌 보면 당연하다.

　문제는 현실적 답이다. 건축 설계일을 하고 싶어하는 젊은 공학도들이 자신의 꿈을 포기해야 하는지, 그럼에도 건축 설계사가 되고 싶다면 어떤 노력을 해야 하는지, 취업을 준비하고 있거나 새내기 건축 설계사로 막 입사했다면 미래를 어떻게 준비해야 하는지 하는 문제에 대해선 알려 주는 사람이 전혀 없다는 사실이다.

　앞장에서 설명했듯 인류 역사상 사라진 직업은 없으며 건축 설계사 역시 마찬가지이다. 제 아무리 뛰어난 건축 설계 프로그램이 등장한다고 해도 건축 설계사라는 직업 그 자체는 분명 존재할 것이다. 다만 건축 설계사에게 요구받는 역량 그 자체가 변화할 뿐이다. 그렇다면 건축 설계사로 일하는 사회 초년생, 혹은 건축 설계사를 꿈꾸는 학생 등은 앞으로 어떤 역량을 준비해야 할까.

　건축 설계사 자체는 오랜 훈련이 필요한 전문직이며, 건축물을 설계해 주는 것 그 자체가 주된 일이므로 사실 시대의 변화에 따라 업무가 갖는 의미의 변화, 그 폭이 예상보다 크지 않을 수 있다. 다만 4차 산업혁명 시대의 건축 설계사라면 AI 시스템을 능수능란하게 사용하고, 거기에 더해 기본적인 언어 능력 정도를 강화하는 것으로 경쟁력을 유지할 수 있지 않을까 생각해 본다.

사람들이 전문가를 찾는 이유는 '상담'을 원하기 때문이다. 스스로 모든 것을 판단할 수 있는 사람이라면 전문가를 찾기보다 AI 프로그램을 찾아 나설 것이기 때문이다. 따라서 그런 판단이 어려운 사람은 전문가를 찾아 자문을 구하려 할 텐데, 그때 나서야 도움을 줄 수 있는 사람이 바로 전문가라는 이야기다. 이번에 AI 프로그램을 써서 이런 도면을 얻었는데 이게 제대로 된 집인지, 우리 집은 4인 가족인데 방이 두 개밖에 없는 설계로 가능한지, 설계 변경은 할 수 있는지 등 궁금한 점이 하나둘이 아닐 것이다.

즉 미래는 고객들의 이런 문제를 해결해 줄 수 있어야 전문가로서 가치가 부각되는 세상이 됐다. 과거에는 '설계사'라면 단순히 설계만 잘 하면 높은 대우를 받았지만, 이제는 기본적인 설계 실력을 바탕으로 사람들과 소통하는 능력, 이른바 커뮤니케이션 능력이 더욱 더 부각되는 것이다.

사실 이런 흐름은 이미 어느 정도 지금 사회에서도 두드러진다. 의사 중에도 환자 치료만 열심히 하는 의사와, 방송 및 미디어를 적극적으로 활용해 대중과 활발히 소통하는 의사도 있다. 두 사람의 실력이 같다고 가정할 때, 보다 더 성공할 수 있는 의사는 어떤 사람일지를 생각해 보면 답은 비교적 뻔하다. 물론 의료인으로서 기본 실력이 되어 있지 않은 상태에서 유명세만 좇는 '쇼닥터'가 되는 것은 지양할 필요가 있지만, 커뮤니케이션 능력이 부족한 사람은 모든 면에서 손해를 볼 수밖에 없다.

그리고 커뮤니케이션 능력이 바탕이 되는 것은 무엇보다 언어 능력이 될 수밖에 없다. 말과 글을 제대로 할 줄 안 다음에 그림이나 영상도 빛을 발한다. 유튜브 등 영상 채널이 인기를 끌며 이른바 '영상 미디어 시대'가 됐다고는 하지만, 그 안에 등장하는 사람들의 언어 능력이 조악하고 전달력이 떨어지면 누구도 그 채널을 구독하고 앉아 있지 않을 것이다.

앞서 이야기했듯 AI 시대에는 '기초'를 바탕으로 '기본'을 갖춘 인재가 되는 것이 중요한데, 가장 바탕이 되는 것은 바로 언어 능력이다. 기본적으로 자국어를 바르고 정확하게, 논리적이고 호소력 있게 구사할 줄 알아야 하며, 거기에 더해 국제 시대라는 점을 감안해 영어 역시 구사할 수 있어야 한다. 하물며 학문을 하는 사람은 영어가 필수 덕목이 됐다.

대학의 석사 과정만 올라가도 모든 정보는 영어로 된 것을 보아야 하며, 스스로 연구를 해 학계에 발표하고자 할 때도 영어로 된 논문을 써야 한다. 학자끼리 대화를 할 때는 비록 한국어를 사용한다고 해도 학술 용어만큼은 영어를 사용하는 것이 당연시 되는 세상이 되었다. 자신의 전공 여부에 따라 필요한 만큼의 수학 지식 역시 필수이다. 수학을 고도의 난해한 학문 정도로 생각하는 경향이 있는데, 이것 역시 그저 자연계의 현상을 이해하기 위한 언어일 뿐이다.

언어라는 기초가 완성돼 있는 사람이 자신의 업계에서 업무의 기본기를 다지고, 이 두 가지를 융합해 '커뮤니케이션'이라는 무기를 손에 쥘 때야말로 미래 사회에 적합한 인재가 될 수 있을 거라고 생각하고 있다. 사람들과 소통하고 자신의 의사를 전달하는 능력, 다른 사람의 의도를 파악하고 자신의 의사와 서로 합의점을 찾아내는 능력은 무엇보다 중요한 미래 사회의 '공통 기본기' 중 하나가 아닐까 생각해 본다.

 ## AI는 이미 당신보다 창의적이다

"4차 산업혁명 시대에 자잘한 일은 모두 AI와 로봇이 맡게 될 것이다. 그러니 우리 인간은 '창의력'을 갈고 닦아야 한다."

"복잡하고 어려운 공부를 할 필요가 없어진다. 그보다는 창의력 학습에 더 주목해야 한다."

4차 산업혁명 시대가 도래하면서, AI에는 '창의력'이 없고, 그것은 '인간만이' 가지고 있으니, 그 창의력을 키우는 교육 방법이 중요하다는 식의 이야기가 자주 등장하고 있다. 일부 학자조차 공공연하게 '교육 시스템을 뜯어고쳐 과거의 체계를 모두 버리고 앞으로는 창의력 교육에 집중해야 한다'고 이야기한다.

그런데 이런 이야기를 듣고 있자면 대단히 궁금한 점이 하나 생겨나는데, 저들이 이야기하는 창의력의 정체란 과연 무엇일까 하는 점이다. 그들은 창의력이라는 게 무엇인지 자세히 알고 이야기하는 것일까?

우선 사전적 정의부터 확인해 보자. 창의력(創意力)을 표준국어대사전에서 찾아보면 '[명사] 새로운 것을 생각해 내는 능력'이라고 적혀 있다. 위키피디아에는 다음과 같이 적혀 있는 것을 확인할 수 있다. '창의성(創意性, 문화어: 창발성, 영어: creativity)은 새로운 생각이나 개념을 찾아내거나 기존에 있던 생각이나 개념들을 새롭게 조합해 내는 것과 연관된 정신적이고 사회적인 과정이다.'

즉 'AI 시대에는 창의성이 중요하다'고 이야기하는 사람들은 AI는 새로운 생각을 해내거나, 기발한 문제해결 방식 등을 제시하지 못하고, 인간이 만들어 놓은 업무 방식을 그대로 답습하면서 일을 자동으로 척척 처리하기만 한다고 생각하는 듯하다. 그러니 창의적 생각을 해내는 것은 모두 인간이 해야만 하고, 그렇게 만들어낸 일감을 AI에게 주면 AI는 그걸 받아서 묵묵히 수행할 거라고 생각하는 것이다.

이런 생각은 AI 시대, 즉 4차 산업혁명 시대의 기본 원리를 이해하지 못하는 데서 나온다. 3차 산업혁명 시대까지만 해도 이 사고는 옳은 것일 수 있었다. 기계는 지능을 거의 갖지 못했고, 사람이 창의적인 부분을 모두 고민하여 넣어 주어야 했다. 그러나 현시대엔 그 인식이 대단히 잘못되어 있다고 볼 수 있다고 개인적으로 단언할 수 있다.

물론 창의성이 있는 인재가 되는 것은 물론 대단히 중요한 문제이지만, 창의성이 AI와 차별화되는 인간만의 특징이라고 생각하는 것은 대단히 큰 착각이기 때문이다. 앞서 이야기했듯이 어느 정도 패턴만 지정해 준다면 AI는 사람 못지않게 창의성을 발휘한다. 이미 AI는 시를 쓰고, 소설을 쓰고, 그림을 그리고, 작곡을 하는 단계에 이르렀다. 어느 것이든 인간만이 할 수 있다고 생각되던 '창의'의 영역이다.

이것이 진짜 창의성이 맞느냐는 논의는 접어 두어야 한다. 어찌되었든 이런 AI 도구들은 인간의 창의성을 대신할 힘을 갖고 있다. 앞서서 바둑 AI '알파고'를 여러 차례 이야기했는데 인간 바둑기사보다 알파고가 창의성 있는 수, 이른바 '묘수'를 훨씬 더 잘 두는 것은 이미 잘 알려진 이야기다. AI와 바둑 시합을 하면서, AI가 둔 묘수는 진정한 창의성에서 나온 것이 아니니 한 수 물러 달라고 할 것인가?

단적인 사례를 한 가지 더 확인해 보자. 알파고를 만든 영국의 '딥마인드'가 이후 구글에 M&A되어 '구글 딥 마인드'가 된 이야기는 누구나 잘 알고 있다. 그런데 그들이 알파고를 개발하기 전 다양한 컴퓨터 게임용 AI를 개발한 사례에 대해서는 그리 잘 알려져 있지 않다.

　필자가 'AI의 창의성'을 설명할 때 단적인 사례로 자주 드는 것이 '벽돌격파(Break Out)' 게임 사례다. 30대 이후의 대한민국 사람이라면 누구나 어릴 때 이 게임을 해 본 기억이 있을 것이다. 화면 속에 불규칙하게 벽돌들이 늘어서 있고, 벽돌은 공에 부딪히면 파괴된다. 그리고 벽돌에 부딪힌 공은 튕겨 나와 다른 곳으로 가게 되는데, 화면 아래쪽으로 떨어지면 공을 잃어버리게 된다. 세 개의 공을 모두 잃어버리면 게임에 진 것이 된다.

　그러니 게임을 하는 사람은 화면 아래 쪽에 있는 작은 반사판 하나를 조이스틱을 조작해 좌우로 움직여, 공이 밑으로 떨어지지 않도록 계속해서 받아내야 한다. 계속 버티다 결국 화면 속의 벽돌이 모두 깨어지면 승리하는 게임이다. 단순하지만 의외로 어려워서 컴퓨터 게임을 잘 하는 사람들도 고득점을 내기가 쉽지 않다.

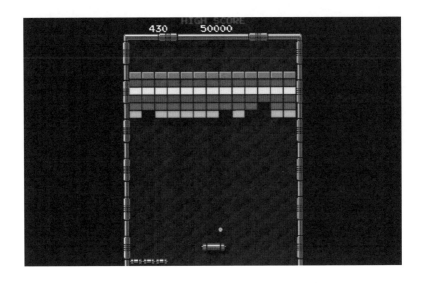

딥마인드는 '딥러닝' 기술을 이용해 개발한 AI가 사람 대신 벽돌 격파 게임을 하도록 했는데, 게임의 기본 규칙 이외에 아무런 정보를 주지 않았다. 그리고 여러 차례 반복 훈련을 시켜, 즉 '강화 학습'을 시켜 실력이 얼마나 좋아지는지를 알아보려고 했다.

처음에는 예상대로 조금씩 실력이 좋아지는 듯했다. 그런데 놀라운 일이 벌어졌는데, 600번 정도 반복 학습을 시키자 AI가 기발한 방법을 스스로 만들어냈다. 고의로 공을 옆쪽으로 튕겨내 가장자리의 벽돌을 먼저 파괴했다. 공을 위쪽으로 튕겨 올릴 길을 만든 것이다. 그리고 다시 공을 화면 맨 위로 올려보내 벽돌 위쪽에서 계속 연속으로 튕겨 다니도록 유도했다.

가장 고득점을 내는 방법, 인간은 보통 생각하지 못하는 실로 '창의적인 방법'을 스스로 찾아낸 것이다. 딥마인드의 CEO 데미스 허사비스는 한국을 방한했을 때 KAIST에서 특강을 갖고 "이런 방법을 한번 알아낸 다음부터는 계속 그 방법으로 플레이를 했다"며 "누구도 이런 방법을 가르쳐 준 적이 없었기에 개발진들도 적잖이 당황했다"고 했다.

이런 점을 볼 때, 딥러닝 방식을 이용한 AI는 앞으로 개발하기에 따라 인간이 뭔가 '번쩍' 하면서 떠오르는 아이디어 정도는 충분히 구현할 수 있을 여지가 충분하다. 더구나 인간은 아이디어를 실현하고 몸에 익히는 데 시간이 걸리는데 AI는 짧으면 한순간, 어지간하면 한두 시간, 길어도 며칠 정도면 인간이 평생 학습한 시행착오 결과를 자기 스스로 쌓아 올릴 수 있다.

창의성은 인간에게 있어 물론 중요하다. 문제해결의 열쇠가 될 수 있고, 새로운 발명과 발견의 계기가 될 수 있으며, 많은 사람들에게 감동을 주는 훌륭한 작품을 만드는 토대가 될 수 있다. 이런 창의성이 뛰어난 사람은 어떤 시대에서건 존경받고 존중받을 가치가 있다. AI가 창의성이 다소 있다고 해서 인간이 가진 광범위한 창의성과는 차이가 있을 수밖에 없다.

문제는 'AI는 창의성이 전혀 없다'고 착각하는 것이다. 가끔 "AI는 창의성이 전혀 없어서 100% 우리 인간에게 의지해야 하는데, 인간이 하기 싫은 공부는 모두 대신해 줄 것"처럼 이야기하는 사람도 볼 수 있다. 이런 형편 좋은 이야기가 있을 리 만무하지 않은가.

문제의 관건은 창의성에 더해 스스로 업무를 매니지먼트하고 끌고 나가는 능력이다. 그러려면 스스로 창의성이 있는 것은 물론이거니와, 어떤 것이 창의적이고 어떤 것이 과거의 낡은 방법인지를 알아야 한다. 그래야 의지를 가지고 의사선택을 할 수 있고, AI가 됐건 부하 직원이 됐건, 스스로 내놓은 아이디어가 됐건, 현실적이고 좋은 창의적 아이디어를 채택해 업무를 개선할 수 있게 된다.

그러려면 과거의 방법을 철저히 이해해 둘 필요가 있다. 새로운 것을 구분할 능력 없이 창의력을 발휘한다는 것은 어불성설이다. 창의성이란 물론 타고난 재능일 수 있다. 하지만 학습을 통해 기를 수 있는 능력이기도 하다. 과거엔 일부 천재만이 가지고 있다고 여겨졌으나 현대에는 브레인스토밍, 장점 열거법 등 창의성 계발과 관련한 여러 가지 기법이 개발되면서 창의력은 인간 누구나 가지고 있으며, 어떻게 계발하느냐에 따라 발전할 수 있다는 인식이 지배적이다.

이런 방법을 통해 창의력을 기르려 해도 기초가 있어야 하고, 기본이 되어 있어 업무에 적용할 수 있어야 한다. 영어를 알지 못하면서 영어로 시를 쓸 수 있을 리 없고, 수학을 알지 못하면서 새로운 수학 해법을 개발해낼 수 있을 리 없다. 별다른 지식 없이 그저 반짝하는 아이디어를 내는 것은 가능한 일 터다. 과거에는 그런 '아이디어 뱅크'도 나름의 의미가 있었을지 모른다. 그러나 방금 설명했듯 그런 것은 이미 AI가 훨씬 더 잘 발휘하는 세상이 되었고, 또 되고 있다. 탄탄한 지식의 토대 없이, 그래서 업무의 전체 방향을 끌고 나가는 역량이 없는 사람이 그저 자잘한 아이디어를 내는 식의 창의력을 발휘하는 것은 그저 하찮은 것일 수있다.

지식과 경험이 없는 사람이 고민을 통해 낼 수 있는 결론은 본래 알고 있던 수준을 넘어설 리 없다. 진정한 창의력이란, 학문의 기본을 충분히 갈고 닦은 사람이 과거에 창의적이었던, 현대에 보편화 된 방식을 충분히 답습해 두었을 때 비로소 생각해 낼 수 있는 오랜 학습과 경험의 선물 같은 것이다.

드물게 학생이나 젊은 청년들을 대상으로 강연 등을 다니면서 '4차 산업혁명 시대가 되면 창의력이 중요하고 공부는 그리 잘할 필요가 없다'고 이야기하는 사람들이 있는데, 이는 AI의 기본적인 원리 자체를 이해하지 못한 상태에서 나오는 것으로밖에 볼 수 없는 대단히 위험한 사고방식이다. 특히 업무에 대한 충분한 경험 없이 스스로 '나는 창의적이니 높은 대우를 받아야 한다'고 착각하는 젊은 신입사원들에게 강조하고 싶다. 그런 것만으로 사회에서 대우를 기대해서는 안 된다. 이는 여러분의 선배들이 이미 모두 거친 과정이며, AI가 그 자리를 차지해도 충분한 역할이기 때문이다. 창의력으로 대우를 받고 싶다면 창의력을 충분히 발휘해 회사에 이익을 가져다주어야 한다. 그렇지 못한 창의력은 그저 자기 자랑이며, 기존의 업무틀을 흔드는 불편한 것일 수 있다는 점을 알아야 한다.

창의력보다 중요한 건 주체성과 실행력

4차 산업혁명시대에 '창의력'은 대단히 중요한 조건으로 꼽히고 있다. 그런데 실제로 업무를 시작하고 그 진행 과정에 대해 스스로 책임을 지려는 주체성, 그리고 꼼꼼히 점검하고, 실패없이 일을 추진해 나가는 능력 '실행력'에 대해서는 별다른 이야기가 오가고 있지 않아 대단히 안타깝게 여겨질 때가 있다.

실제로 이 두 가지 자질은 AI 시대에 무엇보다 더 중요한 역량일 수 있다. 사회생활을 하면서 인간에게 필요한 능력은 무엇일까. 여

러 가지 구분이 있지만 개인적으로 가장 마음에 드는 것은 생존력[1]
이라는 책에서 본 일본 정부가 '사회가 정말로 원하는 개인의 능력'
을 조사해 '사회인의 기초력 12가지'로 발표한 내용이다. 이런 기초
력은 이 책에서 꾸준히 이야기해 온 '기본'과 일맥상통하는 부분이
많다고 여겨진다. 이는 다시 세 가지로 구분이 가능하다. 아래에
알기 쉽게 표로 정리해 보자.

앞으로 나아가는 힘	생각해 내는 힘	팀에서 일하는 힘
△주체성 : 자진해서 일에 매달리는 힘 △설득력 : 다른 사람을 설득해서 끌어들이는 힘 △실행력 : 목적을 설정하고 행동하는 힘	△과제 발견력 : 현상에 맞는 과제를 확실히 하는 힘 △기획력 : 과제를 해결하기 위한 프로세스 설정 능력 △창조력(창의력) : 새로운 가치를 만들어 내는 힘	△발신력 : 자기 의견을 알기 쉽게 전하는 힘 △경청력 : 다른 사람의 의견을 정중히 듣는 힘 △유연성 : 다른 의견을 이해하는 힘 △정황 파악력 : 주변 사람과 일의 관계를 이해하는 힘 △규율성 : 룰과 약속을 지키는 힘 △스트레스 조정력 : 스트레스에 대처하는 능력

여기서 창의력 등 '생각해 내는 힘'을 강조하는 사람들이 있으나

1 생존력. 조용상. 나무한그루. 2009.

실제로 업무에서 창의력이 차지하는 비중은 여러 가지 기본 조건 중 하나일 뿐이다. 더구나 앞서 이야기한 대로 과제 발견력이나 창조력 등은 AI로 일정 부분 대체가 가능한 분야이다. 그런데 '앞으로 나아가는 힘'이나 '팀에서 일하는 힘' 중 일부는 철저히 자아와 관계가 있다.

우선 주체성만 해도 그렇다. AI가 자기 스스로 '오늘은 일이 하고 싶다'거나 '일이 걱정되어서 먼저 돌아가야겠다'는 식의 사고를 할 리 없지 않은가. 타인과 자신의 관계를 알아야 '설득력'이 생기고, 자신의 의견을 알기 쉽게 전하는 '발신력'도 생길 수 있다. AI는 주체성을 가진 사람이 지시를 내려야만 눈앞의 과제를 척척 처리할 뿐이라는 존재를 잊어서는 안 된다.

친인척 중 마음 한편으로 대단히 존경하는 사람이 한 사람 있는데, 그 사람은 컴퓨터를 능수능란하게 사용할 줄도 모르고 AI의 기본적인 개념도 잘 모른다. 사실 기획력과 창조력도 중간 수준이나 그 이하로 판단되는 경우도 적지 않다. 그러나 그는 지금 외국에서 사업을 해 많은 자산을 모았으며, 그 사회의 상류층으로서 굳건히 자리를 잡고 잘 살아가고 있다.

그는 자신의 의견을 정확하게 제시할 줄 알며, 이 의견을 바탕으로 타인을 움직일 줄 안다. 그리고 무언가를 해야겠다고 판단하면 미적거리지 않고 즉시 결정해 일을 처리한다. 즉 주체성과 실행력이 대단히 강하며, 거기에 더해 설득력과 발신력을 갖추고 있어 사람을 써서 일할 수 있는 사람이라고 할 수 있다. 일례로 그 사람은 누군가 "해외에 나가서 사업을 하면 한국에 비해 이익이 2배 정도 생길 수 있다"는 이야기를 듣자, 6개월 만에 국내 사업을 모두 정리해 버리고 정말로 해외로 떠났다. 이런 실행력은 결코 쉽지 않은 것이다.

반대로 이야기한다면, 이런 능력을 갖추지 못한 사람이 과제 발견력이나 기획력, 창의력 등을 대단히 뛰어난 수준으로 갖추고 있다고 해도 성공적인 평가를 듣지 못할 가능성이 크다. 타인에 비해 아이디어가 뛰어나고 기획력도 뛰어난 사람이 일을 주도적으로 하지 않으면 질책과 비난의 대상이 될 뿐이다. 회사 입장에선 이런 사람이 골칫거리일 뿐이며 달가울 리 없다.

드물게는 자신이 낸 아이디어를 스스로 실행하지 못해 일을 망치는 직원도 적지 않게 볼 수 있다. 탁월한 두뇌로 일할 수 있다고 생각하고 계획을 세웠는데 막상 자신의 실행이나 주체성은 거기에 미치지 못했던 것이다. 이런 일이 반복되면 회사는 이 직원을 어떻게 대우해야 할까.

사실 기업에서, 특히 어느 정도 규모가 있는 기업일수록 직원이 해야 하는 일은 분업화되어 정해져 있다. 스스로 그 안에서 과제를 발견해 내거나, 새로운 가치를 만들어 내는 사람이 대우받을 여지는 크지 않다. 회사가 여러분들에게 원하는 것은 AI로 대체할 수 없는 '앞으로 나아가는 힘', 그리고 그 실행력을 동료와 함께 나누어 분담해서 할 수 있는 '팀에서 일하는 힘'이 대부분이다. 개발자 직군에서 일하지 않는 한, 조직 전체를 위해 기발한 생각을 해내는 사람은 정해져 있어야 한다. 그 권한과 입장을 인정받아, '생각해 내는 힘을 주체적으로 실행하라'고 허가를 받은 사람뿐이다. 그렇지 않은 사람이 아이디어를 내고, 창의적인 생각을 들이밀기 시작하면 '배가 산으로 가는 격' 이외에 아무 일도 아니기 때문이다.

즉 조직의 구성원이라면 자신이 어느 위치에 있는지를 알아야 한다. 물론 자신의 탁월한 '생각하는 힘'을 고려할 때 회사의 기획실, 개발실 등 창의적 사고가 중요한 곳에서 일하고 싶을 수 있다. 그럴 때는 상사와 상담해 자신의 업무를 조정하는 것이 옳다. 적극적으로 의견을 개진할 수도 있겠지만 그렇게 하는데도 절차가 있다. 회사는 회사만의 오랜 시스템이 있어 얼핏 보기에 불합리해 보이는 일도 그대로 끌고 가는 경우가 있다. 이는 상사나 동료 직원들이 당신보다 똑똑하지 못해서 그렇게 놓아 두고 있는 것이 절대 아니다.

앞서 '지시대로 일을 하는 것'과 '주관이 없는 것'이 결코 같지 않다고 이야기했다. 그러나 스스로 '생각해 내는 힘'은 자신의 권한 안에서만 실행할 수 있도록 입장을 분명히 해야 할 필요가 있다. 분명한 사실은, 실행력과 추진력이 없는 창의력은 그저 빛 좋은 개살구에 불과하다는 점이다. 스스로 창의력을 포함해 '생각하는 힘'이 있다고 여긴다면, 그 힘을 자신의 실행력과 추진력의 정도에 맞추어 발휘할 수 있도록 노력해 보자.

'문과라서요'라고 말하지 말라: 문과야말로 시대의 주역

한 번은 사람들이 모여 함께 음식을 만들어 먹은 적이 있다. 요리 선반을 필자가 다 하고 있다. 급하니까 한 사람을 불러서 사람 수대로 밥을 좀 퍼 담으라고 시킨다. 이건 누구나 할 수 있는 일이다. 전기밥솥을 열고 주걱으로 퍼서 밥공기에 담기만 하면 된다. 그런데 이걸 못하는 사람이 있다. 우선 밥솥부터 열지를 못한다. 하던 일을 놔두고 가서 버튼만 꾹 눌러 밥솥을 열어 주고 다시 왔다. 그러자 겨우 푸는 시늉을 하긴 했는데 밥공기 주변에 온통 밥풀이 묻고 난리가 났다.

결국, 밥은 처음부터 내가 다시 다 담는다. 속으로 생각한다. '뭐지 이 사람은? 바보일까?' 이런 일을 능력이 없어서 하지 못할 리가 없다. 어이가 없어 그 사람에게 '왜 이런 것도 제대로 못 해 주느냐'고 묻자 그는 대답했다. '아, 저는 음식을 해 본 적이 없습니다'.

음식을 해 보지 않았다고 해서 밥을 퍼 담지 못하는 것이 말이 될까? 그의 본심은 아마도 그 일 자체가 하기 싫은 것이다. 그러니 진심이든 아니면 인위적 실수이든 간에 '일부러' 밥을 못 퍼 담은 것이다. 자신은 이런 일을 못 하는 사람으로 자리매김하는 것이 스스로에게 유리하다고 생각한다고 판단할 수밖에 없는 행동이다.

다른 사례도 있다. 회사에 다니던 시절 일이다. 다른 곳이 아니고. 직장인들이 모여 있는 회사다. 더구나 기자 직군은 사람을 만나는 일이 대단히 중요하다. 평소에 넥타이를 잘 안 매기는 하지만 어느 정도 경험이 있는 기자라면 다들 책상 서랍에 넥타이 하나 정도는 넣어 두고 다닌다. 언제 중요한 미팅이나 인터뷰가 생겨서 갑자기 뛰어나가야 할지 모르기 때문이다.

어느 날 일이 생겨 부하 직원에게 '내일 복장에 신경을 쓰라'고 전날 미리 주의를 시켰다. 그런데 그 직원은 아침에 그냥 회사에 왔다. 생각 없이 평소처럼. 한숨이 쏟아져 나오는 것을 참고 내 책상 서랍에 있던 비상용 넥타이를 꺼내 던져 주었다. 색깔이 좀 안 맞지만 이거라도 매고 따라 나오라고 시켰다. 그런데 그 직원은 우물쭈물했다. 뭘 하나 봤더니 넥타이를 자기 혼자 맬 줄을 모르는 것이었다. 어쩔 수 없이 넥타이 매듭까지 만들어 줬다. '이런 것은 좀 배우라'고 말하자 그 직원은 대꾸했다. '저는 문과 출신이라 손재주가 없습니다'.

문과 출신이라는 점과 손재주가 없는 점이 관계가 있을 리 만무하다. 더구나 손재주가 아무리 없다고 해도 넥타이 매는 법은 누구나 쉽게 배울 수 있다. 그저 그것을 배우기 싫은 것이 아니라면 어찌 이런 대답이 가능할 수 있을까. 더구나 사람을 만나는 것이 업무의 중요한데.

이 두 사람에게 생활 태도를 조금 개선할 것을 요구한 적이 있다. 뭐든 적극적으로 배우도록 노력하라고 말이다. 그러자 이번엔 '미워하지 말라'는 말을 했다. 단어나 표현 방식, 타이밍 등이 미묘하게 다르지만 결국 둘 다 그와 비슷한 이야기를 했다. 즉 내가 화를 내는 이유가 자신들의 태도 때문이 아니라 내가 자신을 마음에 안 들어하기 때문이라고 생각하는 것이다. 그러니 저 사람이 앞으로 날 예뻐하기만 하면 나는 그대로 뭔가를 개선하려고 노력하지 않아도 화를 내지 않으리라고 생각하는 것이다.

이 두 사람과의 에피소드는 모두 저자가 실제로 겪었던 일이다. 사실 저자뿐 아닐 것이다. 평소에 주위를 보면 매사 무슨 일만 하면 '나는 그런 것을 배우지 않았으니까'라고 이야기하며 자신이 해야 하는 일에 선을 긋는 사람이 적지 않다.

이런 점은 기계나 컴퓨터, 수학 등 이른바 이과 영역에 속하는 지식이나 기술을 요구할 때 더욱 강해진다. 그때야말로 '문과 출신'이라는 말은 대단한 면죄부가 된다. 자신은 일할 수 없으니 안 해도 되고, 배울 생각이나 능력도 없으며, 그저 동료로서 내가 하고 싶은 일만 하고 있다가 과실이 나올 때만 공평히 나누어야 한다고 주장한다. 물론 모든 일을 열심히 하고 과학적 상식까지 뛰어난, 존경할 만한 문과인 분들도 적지 않은 것도 사실이다. 그저 이런 폐단이 종종 나타나고 있다는 것이다.

4차 산업혁명 시대가 되면서 AI와 로봇 기술이 시대의 주역으로 부각받고 있다. 이 시기가 오면서 문과의 위기의식도 높다. 사회는 점점 더 이과를 중심으로 재편돼 가는데 문과 출신인 나는 저들을 이길 여지가 없다. 그렇다면 애써 따라잡는 것을 포기하고 뻔뻔하게 지내는 편이 더 유리하다. 사실 일부 이런 문과생들의 태도는 철저한 '자기비하식 자리 지키기' 전략에 다름 아니다. 최근 들어 부쩍 문송(문과라서 죄송) 하다는 말이 자주 들리는 것에 다른 이유가 있는 것이 아닌 것이다.

그런데 현실을 한번 살펴보자. 이런 태도가 문과가 설 자리를 오히려 더 좁히고 있는 것은 아닐까? 문과가 사회적으로 대우를 받으려면 어떻게 해야 할까.

미국의 사례를 보면 인문학도의 몸값이 초근 부쩍 치솟고 있다. 카네기멜론대의 데이비드 댄크스 교수에 따르면[2] 최근 수년 사이 기술의 윤리적 측면을 간과하다가 역풍을 맞은 IT(정보기술) 기업이 잇따라 나오면서 철학·윤리 전공자에 대한 수요가 높아지고 있으며, 첨단기업에서 잇따른 채용 문의를 받고 있다는 것이다.

왜 이런 일이 있을 수 있을까. 일례로 '전쟁 로봇'에 대한 사례를 이야기해 보자. 로봇을 전쟁에 투입한다는 건 기계가 사람을 죽일 수 있다는 말이다. 짐짓 잔혹한 주제지만 여기에 대해서 당연하게 'NO'라고 외칠 수 있는 사람이 많지 않다. 로봇이 사람 대신 전쟁에 나선다는 건, 그만큼 우리 땅에 사는 아들딸이 목숨을 걸 위험이 줄어든다는 걸 의미한다.

한 편에서는 '전쟁이라는 특수 상황이라도 사람의 목숨을 빼앗는 걸 기계에게 맡길 수는 없다'는 논지를 펴고, 또 다른 한 편에선 '그

---

2. https://www.chosun.com/site/data/html_dir/2019/03/26/2019032600244.html

럼 우리 병사들을 사지로 몰아넣을 위험을 높이라는 거냐'고 반론
한다. 이런 두 답에 평행선이 있을 리 없지만 이는 꾸준한 논의 사
항이다. 그러니 유엔 총회에서도, 다보스포럼에서도 AAAS(전미과
학진흥협의회) 등에서 단골 토론 사항이다. 이런 토론에서 나름의 논
리를 확보해야만 기술 개발도 당위성을 얻을 수 있고, 제품으로 얻
을 경우 시장의 판로를 뚫을 수도 있다. 이런 논의를 과학자가 잘할
수 있을까, 인문학도가 잘할 수 있을까?

　비슷한 사례로 자율주행차의 안전기준 문제가 있다. 자율주행 자
동차가 사고를 일으키면 그 배상 책임은 누가 져야 할까. 차 주인이
책임을 져야 할까? 아니면 자동차를 만든 제조사가 져야 할까. 차
주인은 그저 차를 타고 다니고 있었을 뿐이다. 그런 차가 사고를 냈
는데 적잖은 돈을 사고 처리비로 물어야 한다니 달가울 리가 없다.
그렇다고 자동차 회사 입장에서 모든 자율주행차 사고를 직접 책임
질 수도 없는 일이다.

　결국 사고의 기준을 철저히 만들어 제조사의 실수로 밝혀진 경우
제조사가, 악천후나 천재지변 등의 불가피한 사고는 차 주인이 배
상하도록 만드는 시스템을 고려해 볼 수 있다. 아니면 차량을 운행
하면서 자율주행차용 별도의 보험 시스템을 만드는 방안을 고려하
고, 제조사와 차주가 약관에 따라 절반 정도씩 보험료를 부담하는
시스템도 생각할 수 있다. 물론 현재는 이런 제도적 시스템이 정립
돼 있지 않다. 이런 것을 정하기 위해서는 사회적인 합의가 필요하

며, 이를 거쳐 국회 등의 법률 제정을 거쳐야 비로소 시행된다. 이런 논리를 철저히 가다듬지 않고 그저 제품만 개발하고 있다간 시장에서 중요한 흐름을 놓칠 수 있다. 이런 분야에 대해 철저히 논리를 세울 수 있는 것은 누구일까.

사회에 큰 변혁이 일어나고 있는 시기이다. 이런 시기에는 법, 제도, 윤리 등 기존 문과의 영역이 한층 더 주목받는 것은 어찌 보면 당연한 일이다. 문과야말로 시대의 주역이라 말하는 것은 이런 까닭이다. 그러나 이 과정에서 절대로 잊지 말아야 할 것이 하나 있다. 새로운 사회에 걸맞는 법과 제도, 윤리를 제시하려면, 과학과 기술에 대해 기초적, 기본적 상식을 반드시 갖춰야 한다. 스스로 개발자들과 대화 정도는 통할 수 있을 정도의 지식을 갖춰야 한다.

이 과정에서 노력을 등한시하면 결코 새로운 시대의 인재로 성장할 수 없다. '문과라서 안 된다.', '문과라서 죄송하다'는 태도로는 결고 달성하기 어려운 목표다. 스스로 부족한 지식과 기술은 분야를 가리지 않고 흡수하고, 이른 자신의 전공과목을 통해 살려내는 역량을 보여야 한다. 비록 학부 과정을 문과로 졸업했다고 해도 과학기술과 관련된 석·박사학위를 공부하는 것도 좋은 방법이다. 최근엔 과학철학, 기술윤리 등 과학기술과 인문학의 융합 학문도 대학원 과정으로 주목받고 있다. 실무적인 기술이 필요하다면 온라인 강습, 학원 수강 등 다양한 수단을 고루 동원해 보기 바란다. 고도의 이과적 지식을 바탕에 두고 있지 않더라도, 코딩 교육 정도는 수

강해 보는 것이 큰 도움이 된다.

새로운 사회는 1인 기업이나 프리랜서 분야의 문과 전공자에게도 큰 기회다. AI의 도움을 받을 수 있고, 다양한 분야 전문가들끼리 온라인 협업이 가능하므로 과거에는 전문 서비스를 찾아가야만 받을 수 있었던 다양한 서비스를 집에서 누릴 수 있게 됐다. 즉 이과적 기술을 통해 완성한 사회적 서비스를 집 안에서 받을 수 있게 된 것이다. 작가는 AI가 삽화를 그려 주는 세상, 만화가는 AI 어시스턴트를 고용하는 세상이 됐다.

미래는 다양한 분야의 전문가들이 협업하는 사회다. 이 시기에 문과야말로 사회의 리더로서 가장 큰 빛을 발할 수 있는 분야다. 반드시 명심해야 할 점 하나. 문송하다는 단어를 입에 달고 있는 단, 결코 시대의 주역으로 거듭날 수 없다.

AI시대가 도래하면서 가장 많이 들리는 걱정이 아마 '일자리' 이야기일 것이다. 영화 '터미네이터' 속에서 봤던 '기계들의 반란'을 걱정하는 사람도 물론 자주 보기는 하지만, 막상 눈앞에 닥친 현실 속에서 그런 일에 대해 대비하자고 목소리를 높이는 사람을 찾아보는 경우는 그리 많지 않다. 전쟁 등 특수 상황에 벌어질 일을 살아갈 현실 속에서 걱정하는 건 그리 현실적이지 못하다는 걸 피부로 느끼고 있기 때문일 것이다. 그보다 당장 사람들의 큰 관심을 갖는 건 '일자리' 문제가 아닐까 여겨진다. 기술이 발전하면서 사회 구조가 변한다는 건, 결국 사람의 직업 형태가 변하는 것이고, 이는 필수적으로 일자리의 변화로 이어질 수 있다. 예를 들어 'AI기술이 도입된 자율주행 자동차'가 등장한다는 이야기를 들으면 많은 사람이 "사람이 힘들게 운전을 할 필요가 없다니, 더 안전하고 편리한 세상이 오겠군"이라고 생각하는 사람이 많을 것이다. 반면에 '운전기사들이 일자리를 잃을 수 있겠구나'라고 걱정하는 사람들 역시 등장하게 된다.

물론 세상은 그리 단순하지 않다. AI 자율주행 자동차가 완전히 도입되어 시스템이 완전히 바뀌려면 세상은 아직 짧게는 십수 년, 길게 잡는다면 수십 년의 시간이 필요하다. 그 기간 세상의 시스템은 조금씩 바뀌어 나갈 것이고, 우리는 거기에 맞추어 세상에 적응해 나갈 시간이 있다. 그 사이 우리들의 일자리는 어떻게 변해 가게 될까. 우리는 무엇을 준비해야 할 것인가. 한 가지는 확실하다. 만약 당신이 일자리를 빼앗긴다면 그 주체는 AI가 아니라는 점이다. AI를 능숙하게 활용할 줄 아는 '사람'이다.

 ## 최고의 업무 파트너 '생성 AI'를 이해하라

그동안 혼돈을 피하기 위해 애써 구분 지어 설명하진 않았는데, '연결주의 AI'는 다시 두 종류로 나눌어 생각할 수 있다. 바로 분석 AI와 생성 AI이다. 분석 AI는 사람이 해야 할 '어떤 일'을 대신하도록 만드는 데 주력하는 경우에 주로 사용한다. 학습한 데이터를 활용해 소리나 글자, 영상을 분석해 결과물을 빠르게 내는 용도로 사용한다. 학습한 데이터를 활용해 음성과 텍스트, 영상을 분석해 결과물을 낼 수 있게 된다. 앞서 예로 들었던 바둑 AI, 의료용 AI, 공장에서 불량품을 골라내는 AI, 자율주행 자동차의 도로 인식 기능 등은 모두 분석 AI의 사례에 해당한다.

최근엔 '생성 AI'가 주목받고 있는데 어떤 것을 AI가 '만들도록' 할 수 있다. 이 역시 AI가 학습을 통해 구현하는 '판단력'을 빌려서 개발한 기능이라는 것은 틀림없다. 그런데 그 능력을 '창작 활동'에 이용할 수 있도록 만든 것이다. 예를 들어서 사람이 AI에게 '어떤 것을 만들어 달라'고 요구하면 그 요구에 맞춰서 결과를 만들어 주는 기능이다. 영어로는 '제너레이티브 AI'라고 부른다. 연결형 AI의 학습 기능을 이용, 기존에 학습한 데이터를 토대로 기존에 없던 새로운 결과물을 만들어 내는 기술이다.

대표적인 사례가 유명한 챗GPT(ChatGPT)이다. 챗GPT는 오픈AI라는 미국 기업이 만들었는데, 문장을 생성하는 기능을 갖추고 있기 때문에 사람 대신 글쓰기를 할 수가 있다. 이 '글쓰기를 할 수 있다'는 말은 대단히 매력적이어서 사회에 큰 파장을 일으켰다. (BARD) 등 챗GPT와 비슷한 기능을 하는 AI는 세상에 여럿 있다.

생성 AI로 이처럼 문장 생성만 가능한 것은 아니다. 그림도 그릴 수 있다. 사용자가 입력한 명령어를 이해해 필요한 이미지를 생성해 내는 '이미지 생성 AI'는 이미 여러 곳에서 쓰이고 있다. 예를 들어 '초록색 양탄자가 깔리고 노란색 의자가 놓여진 거실의 모습을 그려 줘'라고 입력하면 AI가 이와 관련된 이미지를 여러 개 만들어 내는 식이다. 이런 '이미지 생성 AI'는 오픈AI가 출시한 '달리 (Dall-E)', 미국 항공우주국(NASA) 엔지니어 출신인 데이비드 홀츠가 개발한 '미드저니' 등이 유명하다. 글을 쓰고 그림을 그릴 수 있다면 작곡은 할 수 없을까. 후술하겠지만 그런 AI도 당연히 존재한다. 아직 영화 한 편을 만들어 낼 수준은 되지 못하지만 원한다면 영상을 만드는 AI도 찾아볼 수 있다.

여기서 착각하면 안 되는 것이 하나 있다. '뭔가 척척 만들어 준다니, 그렇다면 사람은 놀기만 하면 되는가?'라고 생각하는 사람이 적지 않다는 것이다. 이런 이야기는 '회사에 직원을 뽑았으니, 사장인 나는 놀고먹어도 되겠지.'라는 생각과 똑같다. 그런 회사가 제대로 일이 굴러갈 리 만무하다. 제아무리 똑똑한 직원이라도 사장이 시킨 일을 한다. AI에게 일을 시키더라도 업무에 책임을 지고 끊임없이 확인하고 수정, 보완해 가며 그 분야 전문가로서 자신의 역량을 갈고 닦는 사람만이 최고의 업무 성과를 유지할 수 있다.

예를 들어 보자. 챗GPT는 채팅을 기반으로 동작하기 때문에 '뭔가 질문을 하면 척척 대답하는 만능 응답기' 정도로 생각하는 사람들이 꽤 있다. 이렇게 사용하는 사람에게 챗GPT는 장난감 이외에 아무것도 아니다. 심지어 말도 되지 않는 엉뚱한 정보를 마구 생성해서 보여주기도 한다. 개발사도 이런 오류를 줄이기 위해 노력하고 있지만 앞서 설명했듯이 AI는 어쩔 수 없이 오류에 취약한 존재이다. 실제로 활용 방법이 잘못되면 이런 오류에 노출된 채 우수한 시스템을 채팅용 장난감 정도로 활용하게 된다.

그렇다면 어떻게 활용해야 할까. 자신이 업무를 주도하는 상태에서 이 언어 기능을 활용한다면 최고의 업무 파트너가 될 수 있다. 즉 정확한 정보를 주고, 거기에 맞게 글을 지어 달라고 요구한다면 챗GPT는 대단히 쓸모있는 도구가 되는 것이다. 이런 기능은 보고서 등을 작성할 때 대단히 유용하다. 이 밖에 말을 알아듣고 글을 쓸 수 있다는 말은, 만능 번역기로서 활약이 가능하다는 이야기다. 글을 쓸 수 있다는 말이 꼭 인간의 언어여야 한다는 뜻은 아니다. 컴퓨터 언어, 즉 프로그래밍(코딩)도 능수능란하게 할 수 있다. 최근 소프트웨어 개발자들 사이에선 챗GPT와 같은 생성형 AI를 활용하지 않는 사람을 찾아보는 것이 오히려 더 드물 것이다. 기본 기능만 구상하면 복잡한 코딩 작업을 알아서, 거의 무상에 가까운 비용으로 척척 해 주는데 활용하지 않을 이유가 없지 않은가.

 ## 창작자는 AI 없이 경쟁력을 유지할 수 있을까

드물게 AI나 로봇 기술의 발전이 자신의 업무와 전혀 관계가 없다고 생각하는 사람을 볼 수 있다. 대표적인 것이 아마도 작가 직군일 것이다. 스스로 창작 활동을 하는 사람이니 AI가 자신의 영역과 관계가 적다고 생각하는 듯했다. 그 밖에 공연예술가 직군 등도 비숫한 경우다.

생성 AI가 보편화 되며 이미 AI는 창의성만으로 밥을 먹고 사는 작가들의 영역을 실제로 넘보고 있다. 우선 작곡가의 영역은 거의 대부분 AI로 대체가 가능한 세상이 됐다. 2020년 10월 AI가 작곡한 노래로 데뷔하는 가수가 세계 최초로 한국에서 탄생했는데, 광주과학기술원(GIST) 안창욱 AI대학원 교수 연구팀이 개발한 AI 작곡가 '이봄(EvoM)'이 만든 곡을 받아 신인 가수 하연이 데뷔했다. 이봄은 진화음악(Evolutionary Music)이란 뜻이 담긴 이름을 가진 AI 작곡가이며, 하연은 걸그룹 소녀시대 멤버로 활동하고 있는 가수 태연의 동생이다.

사실 이런 사례는 종종 있었다. 다만 이 사례는 신인 가수가 AI로부터 곡을 받아 데뷔한 것은 세계 최초의 사례라 주목을 끌었다. 하연의 데뷔곡 '아이즈 온 유(Eyes on you)'를 들은 코너 돌턴은 "올해 들어본 곡 중 가장 귀에 꽂히는 음악"이라는 찬사를 보낸 바 있다. 코너 돌턴은 다프트펑크 등 외국 유명 음반 작업에 참여한 유명 프로듀서다.

상황이 이렇다 보니 AI 프로그램을 이용해 음악을 빠른 시간 안에 작곡해 주는 회사까지 등장했다. 한 회사는 힙합, 재즈, 명상음악 등 음악 장르의 정형화된 규칙을 분석하고 학습해 짧게는 3분, 길게는 10분 안에 곡 하나를 뚝딱 만들어 낸다. 기존 AI 작곡은 같은 음을 반복하거나 조악한 수준인 데 비해, 요즘엔 AI 수준이 높아지면서 작곡 이후 편곡, 믹싱, 마스터링 등 전 과정을 자동화해 곡의 질이 높아졌다.

비단 작곡 분야뿐 아니다. 그림의 경우 화가의 화풍을 지정해 주면 일류 화가, 예를 들어 '레오나르도 다빈치'의 화풍으로 그림을 그려 달라고 하면 자동으로 그림을 그려 주는 프로그램마저 등장했다. 고흐 등 독특한 화가의 기법까지 거의 완벽하게 흉내 낸다. 이뿐 아니다. 요즘에는 일러스트를 그려 주는 AI 프로그램도 있다. 명령어로 '호랑이 그림이 그려진 빨간색 그려진 모자를 그려 줘'라고 하면 정말로 말을 알아듣고 조건에 부합하는 그림 수십 장을 그려서 보여준다.

검색으로 관련 이미지를 찾는 것이 아니라 AI가 스스로 관련 이미지를 그리는 것이다. 그림이 필요한 사람은 이 안에서 골라서 사용하면 되는 것이다. 콘텐츠의 삽화를 만들거나 교육 자료 제작에 활용하는 등 다양한 곳에 적용할 수 있다. 당연히 저작권 문제 같은 것도 없다.

이런 프로그램 중 국내에서 대표적인 것은 '카카오'가 개발한 그림 그리는 AI일 것이다. 카카오의 AI 전문 자회사 '카카오브레인'은 2021년 12월 사용자가 문자로 명령을 내리면 이에 맞춰 이미지를 만들어 주는 AI 모델 '민달리(minDALL-E)'를 글로벌 오픈소스 커뮤니티인 '깃허브'에 공개했다. 문자, 음성, 이미지 영상 등을 통해 AI를 학습시키는 '멀티모달'이라는 방법을 사용해 개발했다.

민달리는 이용자가 문자로 명령어를 입력하면 해당 내용을 이해하고 실시간으로 이미지를 내놓는다. 사실 이 프로그램은 본래 미국 AI 연구소 '오픈AI'가 개발한 것을 조금 수정한 것이다. 오픈AI는 그림 그리는 프로그램 '달리(DALL-E)'를 발표한 적이 있는데, 이것을 누구나 사용할 수 있도록 작은 사이즈 모델로 만들었다. 민달리는 1400만 장의 문자와 이미지 세트를 사전 학습시켜 두었기 때문에 대부분의 명령에 대응할 수 있다.

심지어 '만화'를 그려 주는 AI도 나왔다. 2022년 1월 미국 라스베이거스에서 열린 세계 최대 IT·가전 전시회인 CES 2022 행사에선 국내 기업 '툰스퀘어'가 누구나 웹툰 작가가 될 수 있는 AI 기반 웹툰 창작 서비스 '투닝(Tooning)'을 선보이기도 했다. 간단한 대화형 텍스트만 있으면 캐릭터 기반의 웹툰 이미지로 손쉽게 만들어 주는 서비스다. 그림을 그릴 필요 없이 만화 대사를 적으면 페이지가 자동으로 생성되고, 내용에 따라 웹툰 캐릭터 이미지가 섬세하게 표현된다. 자연어 처리 기반 AI가 글에서 느껴지는 감정을 분석해 캐릭터의 표정과 동작을 만들어 내는 것이다.

문장 생성 AI 중에서 소설에 특화된 종류도 있다. 2021년 8월엔 AI(AI)가 쓴 장편소설 '지금부터의 세계'가 국내에서 처음으로 출간됐는데 수학자, 벤처기업가, 의사 등 다섯 인물이 존재를 탐구하는 이야기가 560쪽에 담겼다. 저자로 두 이름이 올랐다. 하나는 AI '비람풍', 다른 하나는 '소설 감독' 김태연이다. 즉 AI가 작가를 맡

고, 인간 소설가는 감독으로서 작품의 진행 과정을 조율만 했다는
것이다.

완전한 자아를 갖지 못한 AI가 제대로 된 소설을 처음부터 끝까
지 짜임새 있게 짜내기란 불가능하니 그 부분만 인간이 담당해 주
고, 나머지 복잡한 일은 전부 AI가 맡았다는 이야기다. 예를 들어
'용감한 왕자가 마녀의 탑에 갇힌 공주를 구출하러 떠난다'는 식의
줄거리를 사람이 입력해 주면 AI가 세세한 이야기를 풀어낸다. 행
복하게 끝맺고 싶다면 '왕자는 마녀를 물리치고 공주를 구한다'는
결말까지 입력해 주면 된다. 최종적으로는 완성된 소설을 읽으며
문체를 입맛에 맞게 한 번 가다듬으면 끝이다.

AI를 이용한 소설 쓰기는 사실 그 역사가 오래됐다. 1973년 미국
위스콘신대학 연구팀이 2100단어 소설을 작성할 수 있는 AI를 발
표한 것을 시작으로, 기술이 발전하면서 어린이 동화 정도의 짧은
소설은 쉽게 만들 수준이 됐다. 2008년 러시아에선 소설 '안나 카
레니나'를 AI가 학습해 만든 소설 '진정한 사랑'이 출판된 바 있으
며, 2016년 일본에선 AI 단편이 호시 신이치 과학소설(SF) 문학상
예심을 통과한 바 있다. 2017년엔 중국에선 현대시 수천 편을 학습
해 쓴 AI 시집이 발간되기도 했다. 국내에서도 2018년 KT가 AI 소
설 공모전을 개최한 바 있다.

AI의 특징 중 하나가 양극화를 부추긴다는 것이다. 이 양극화는
비단 경제적 수준만을 이야기하지 않는다. 직업의 세계에서도 마찬

가지이다. 이제는 아이디어와 실행력만 갖추고 있다면 누구나 음악을 작곡하고, 소설을 쓰고, 웹툰을 그리는 작가로 활동할 수 있는 세상이 열린 것이다. 물론 이런 방법으로 대중의 인기를 어느 정도 얻을 수 있느냐는 별개의 문제이다.

그러나 예술적 감각을 갖추지 못한 채 그저 AI를 이용해 싼 값에 대량의 콘텐츠를 생산해 유통하는 사람들이 생겨날 것은 분명하다. 그렇다면 지금까지 이 시장을 맡고 있던 그저 그런 2, 3류 작가들의 일감은 큰 폭으로 줄어들 수밖에 없다. 누구나 인정할 만한 '일류'가 아니라면 AI를 쓰는 것이 작품을 의뢰하는 사람 입장에선 더 편리하고 더 값싸다는 의미다.

이 말의 뜻은 일을 제대로 똑바로 하는 사람은 경쟁력이 한층 더 높아진다는 뜻이기도 하다. 일의 효율이 엄청나게 올라가기 때문이다. 만약 자신이 작가라면 대중의 심금을 울리는 높은 수준의 예술적 자질을 갖추고 있거나, 대중의 큰 인기를 끌 만한 재미있는 작품을 만들어 낼 수 있다면 AI는 그야말로 범에게 날개를 달아 주는 격이 된다. 소설가라면 1년에 한두 편씩 쓰던 작품을 AI를 이용해 10여 편씩 발표할 수 있게 될 것이다. 작곡가라면 정말 고객이 원하는 맞춤형 음악을 심도 있게 가다듬어 제공할 수 있어야 한다.

스스로 작가 직군이라고 생각한다면 '나는 창의력이 있으니 AI 세상이 와도 아무 문제가 없을 거야'라고 생각하지 말기를 바란다. 도리어 AI를 적극적으로 활용해, 자아가 있는 인간만이 펴 나갈 수 있는 작품 활동에 대해 고민해 나가야 한다. 더 편리하고 좋은 방법을 내버려 둔 채 과거의 방법을 무조건 고집하는 것은 현명하지 못하다.

전문직은 AI 시대에 과연 안전할까

AI 시대를 맞아 '전문직'이 주목받는 것 같다. 오랜 기간 공부해 면허나 자격을 취득해야만 일할 수 있는 전문직은 AI가 대체하기가 어려우니 문제가 없지 않냐는 생각을 하는 까닭인 것 같다. 흔히 전문직이라고 하면 높은 난이도의 시험을 통과하는 경우를 이야기하는데, 여기서 이야기하는 전문직은 단기간의 교육으로는 일을 배울 수 없기에 다년간의 학습과 경험이 필요한 경우를 말한다. 시험 역시 필요하겠지만 여기서 이야기하는 기준은 일을 배우기가 얼마나 어렵고, 진입 장벽이 높은가 하는 점이다.

그러니 학교에 가면 공부를 가장 잘하는 학생은 누구나 의대를 지망하는 것이 당연한 일이 됐다. 법학전문대학원(로스쿨)도 인기다. 2021년 말 원서 접수 결과에 따르면 2022학년 전국 25개 법전원의 최종 경쟁률은 5.23대 1(모집 2000명/지원 1만451명)이었다. 전년 4.88대 1(2000명/9752명)보다 크게 상승한 수치다. 원광대의 경우는 60명 모집에 1123명이 지원해 18.72대 1의 경쟁률을 보이기까지

했다니 그 인기를 실감하지 않을 수 없다.

항공기 조종사나 항해사, 도선사(선박의 입항을 지휘하는 사람), 석·박사 학위를 가지고 기업이나 국책연구기관, 대학 등에서 근무하는 과학기술인, 변리사, 법무사, 회계사, 세무사, 노무사, 감평사, 관세사, 설계사, 건축기사, 크레인 기사 등 수없이 많은 전문 영역의 직업들이 최근 부쩍 더 인기를 끌고 있다.

일반적인 파트타이머, 즉 아르바이트 직업이라면 아무리 오래 걸려도 며칠이면 해야 하는 일을 어느 정도 배울 수 있게 될 것이다. 그리고 만약 그만두게 되더라도 다른 대체 인력을 빠르게 찾을 수 있다. 편의점이나 카페, 식당의 직원, 점포의 판매원 등은 일을 배우기가 간단하고 며칠이면 즉시 실무에 투입될 수 있다. 차근차근 배워야 할 일도 있겠지만 일이 어설프면 어설픈 대로 당장 일을 시작해 볼 여지가 있는 직업이다. 앞서서 이야기했듯이 이런 직업의 경우 AI로 대체하기가 대단히 쉽다.

그렇다면 전문직의 경우는 어떨까. 배우기가 어렵고 오랜 시간이 걸리는 일이면 AI로는 무조건 대체하기가 어려운 것일까. 이런 생각은 다소 위험할 수 있는데, 전문직이라도 맡은 일의 성격에 따라 직업의 수요는 크게 변할 수 있다. 따라서 미래에 AI로 대체가 어려운 직업의 경우는 그 경쟁력이 유지되겠지만, 그렇지 못한 직업의 경우 기초와 기본을 충실히 다져 미래 사회에 적합한 경쟁력을 충실히 다져 두는 것이 유리할 것이다.

전문직의 대표격인 의사 직군을 예로 들어 보자. 내과 의사는 어떻게 될까. 다소의 영향이 있을 것으로 보고 있다. 다만 내과 의사를 희망하는 직군에서 그 직업을 선택하는 것을 포기할 필요까지는 없으리라 생각된다. 본래 의사 직군의 수요가 부족하기도 하거니와, 내과 의사의 업무 일부는 AI로 대체가 가능하지만 치료의 전 과정을 살펴 치료 계획을 세우고 시행하는 일은 대체가 불가능하기 때문이다.

예를 들어 보자. 앞서 설명한 '닥터 왓슨'과 같은 AI 진단 프로그램의 등장으로 '의사도 할 일이 없어지고 있다'고 생각하는 경우가 적지 않은 듯하다. 하지만 실제로는 그렇지 못한 경우가 많은데, 닥터 왓슨은 인간이 검사한 결과를 입력해 주지 않으면 일체 결론을 내지 못하기 때문이다. 그렇다면 환자가 찾아왔을 때 안색을 살피고, 문진이나 청진, 타진 등 간단한 진단을 통해 기계적으로 해야 할 검사의 종류를 결정하는 것은 어디까지나 인간 의사의 역할이다. 이런 작업도 하나둘씩 기계로 대체할 수 있겠지만, 결국 그 기계를 다루는 것은 의사의 역할이다. 다양한 기계 장치가 등장하면서 한 사람의 의사가 할 수 있는 업무가 많아질 수는 있겠지만, 내과 의사 직군 자체가 위협받을 거라 생각하는 것은 다소 어폐가 있다.

반대로 의사 직군이지만 언젠가는 AI로 대체될 거라고 생각되는 경우가 많은데, 대표적인 것이 영상의학과다. 현재는 예비 의사들

사이에서 인기 높은 분야 중 하나다. 영상의학과 업무 중 상당 부분은 AI로 대체될 가능성이 크다. 컴퓨터 화상 해석 기술에 AI를 접목하면 인간 이상으로 정확한 판단을 할 수 있기 때문이다. 최종적인 책임 소재를 위해, 그리고 AI의 실수를 교차 검증하기 위해 의사가 필요하긴 하겠지만, 그 수가 크게 줄어드는 것은 당연한 일이다. 현미경으로 세포 이미지를 보고 병의 종류를 판독하는 병리과 의사 역시 미래에 수요가 크게 줄어들 것이다.

반대로 외과의 경우는 이야기가 달라진다. 앞서 외과 의사는 손재주가 중요하므로 AI로 대체가 어렵다고 했는데, 이것 말고도 사실 AI로 외과 의사를 대체하기 어려운 이유가 또 하나 있다. 수술을 진행하려면 집도의가 수술의 전 과정을 파악하고, 수술의 진행 상황을 하나하나 만들어 나가야 한다. 계획을 세우고, 그 계획을 실행해 가면서 생기는 여러 가지 변수를 모두 임기응변으로 대응해야 한다. 이 정도의 일을 진행하려면 인간 수준의 자아와 더불어 인간 수준의 손재주를 함께 가지고 있어야 한다. 전형적으로 AI로 대체하기 어려운 업무다.

현재는 사람의 목숨을 책임져야 하는 부담을 떠안아야 하고, 응급환자가 발생하면 퇴근 후라도 달려가야 하니 의사 개인의 삶의 질이 크게 떨어지기 때문에 '기피 순위 1위'로 꼽히는 것이 외과 의사다. 그러나 앞으로 20~30년 후를 생각해 보자. 인간 의사가 현장에서 주도적인 위치를 차지할 가능성이 가장 높은 과는 가장 기피받는 외과가 될 가능성이 크다.

외과도 수술 로봇이 등장하면서 의사가 할 일이 점점 줄어드는 것 아니냐고 이야기할 수 있지만 이런 로봇은 어디까지나 의사가 사용하는 수술 도구의 연장선으로 보아야 한다. 지금 어느 부위를 자르고 꿰맬지를 결정하는 건 어디까지나 사람이기 때문이다. 숙련된 외과 의사 없이 로봇만 가지고선 절대로 환자를 치료할 수 없다는 말이다. 따라서 기술이 발전할수록 외과 의사는 지금보다 점점 더 안전하고 편리하게 수술을 할 수 있지만, 여전히 의료 현장에 없어서는 안 되는 존재로 남을 것이다.

이런 점을 생각해 보면 전문직이라 하더라도 그 성격에 따라 경쟁력에 큰 차이가 있을 수밖에 없다는 사실을 알 수 있다. 우선 높은 수준의 손재주가 필요한 일, 그리고 업무 전체를 통제하고 지휘하는 능력이 중요하다는 사실을 알 수 있다. 만약 스스로 전문직을 꿈꾸고 있거나, 혹은 전문직에 종사하고 있다면 자신의 업무가 어떤 점에서 미래에 경쟁력이 있고, 어떤 점에서 경쟁력이 부족한지를 파악해 둘 필요가 있다.

반대로 이야기하면 우선적으로 '자아'와 '의지'를 가지고 업무 전체를 통제하는 능력이 필요하며, 탁월한 커뮤니케이션 능력을 통해 자신의 역량을 동료와 고객, 그리고 AI와 소통하며 자신이 원하는 목표를 달성해 내는 능력도 필요하다. 다르게 이야기한다면, 비록 미래에 주목받는 경쟁력 있는 직업이라 할지라도 이런 기본기 없이는 장기적으로 이끌어 나가기 어렵게 된다. 그와는 반대로 다소 AI로 대체가 가능한 직군이라 할지라도 스스로 경쟁력을 가질 수 있음은 당연한 일이다.

그렇다면 반대로 어떤 전문직이 미래에는 대우받지 못하게 될까. 방대한 학습량을 바탕으로 앉은 자리에서 빠르게 일을 척척 처리하는 능력, 자신이 맡은 일만 하면서 업무 전체의 프로세스에 관여하지 않는 형태로 일하고 있는 형태의 직업군은 미래에 AI로 대체가 손쉽다.

AI는 인간과 비교도 할 수 없는 속도로 빠르게 학습한다. 현재 전문직으로서 대우받기 위해 얼마나 많은 시간을 학습했느냐는 앞으로 크게 중요한 문제가 아닌 셈이다. 그보다 중요한 건 인간만이 가질 수 있는 직관적 통찰력, 그리고 이를 통해 전체 업무를 '자아'와 '의지'를 가지고 통제하는 능력이라는 점을 잊어서는 안 된다.

2019년, 과학기술정보통신부를 비롯해 국내 여러 정부 부처들이 합동으로 '인공지능 국가 전략'이라는 것을 발표한 적이 있다. 이 내용에는 '주요 직군별 (AI) 교육 과정'이 포함돼 있어 살펴보았는데 군인들에게는 전자병 AI 기초 교육을 제공하고, 공무원에게는 신규 임용 및 승진자를 대상으로 AI 교육을 필수화하며, 중기 · 벤처 재직자를 대상으로 '재직자 AI 계약학과' 프로그램을 운영하며, 고졸 재직자 특화 과정을 마련하고, 소상공인은 민간 기업 협력 기반 AI 현장 활용 교육을 진행하겠다고 했다. 또 산단 근로자는 산단별 공동 훈련 센터를 구축, 활용 검토한다고 돼 있었다. 그런데 관련 서류 어디를 뒤져 봐도 '어떤 교육을 하는지'는 적혀 있지 않았고 '적절한 프로그램을 개발해 제공한다'는 말만 써 있었다.

당시 필자는 실제로 어떤 교육이 진행되는지 궁금해 문의해 봤는

데, 파이썬 등 AI 개발에 특화된 프로그래밍 언어의 코딩 교육이 대부분이었으며, 일반 직장인으로서 AI 프로그램을 어떤 방식으로 업무에 활용해야 하는지 등의 방법론에 대한 교육은 찾기 어려웠다.

개발자가 아닌 나음에야, 세상에 이미 많이 개발된 AI 프로그램들을 활용하면 그뿐일 텐데, 우리 정부는 진 국민을 AI 개발자로 만들 생각이었을까? 싶은 생각이 들어 다소 어이없었던 기억이 있다. 진정으로 AI 활용을 잘하는 국가를 만들고 싶다면, 직군별로 AI를 실생활에서 어떻게 활용하면 좋을까. 이 이야기부터 풀어 나가야 하지 않을까?

아래 이야기는 필자가 여러 정보를 취합하고 개인적 생각을 담아 풀어쓴 직군별 AI 활용법이다. A라는 AI 프로그램을 구매해 B라는 업무에 적용하고, 설정값은 C로 적용하면 유리하다는 식의 시시콜콜한 설명은 넣지 않았다. 워낙 다양한 프로그램이 존재하기도 하고, 개별 프로그램에 대한 사용법을 하나하나 언급하는 것은 이 책에서 제시하고자 하는 범위에서 벗어나기 때문이다. 이야기하고 싶은 것은 업종별로 AI를 어떻게 도입하고, 어떻게 활용해 업무를 어떻게 혁신해 나가느냐 하는 점이다. 그 방법론에 대해 함께 고민해 보자.

영업 · 서비스직: 고객에게 감성으로 접근, 데이터 처리는 AI에 맡긴다

국내 은행이나 증권사 등은 앞다퉈 키오스크(KIOSK)를 도입하고 있다. 또 인터넷 뱅킹이 실용화돼서 은행에 오지 않아도 처리할 수 있는 일이 많아졌다. 이런 시스템엔 모두 AI가 도입돼 고객의 요구에 빠르게 응대한다. 최근엔 고객이 스마트폰 메신저(카카오톡 등)나 전화 등으로 문의해도 궁금한 점을 척척 대답해 주는 시스템이 도입되기 시작했다.

이런 기술이 점차 더 발전하면 인간은 어떤 부분을 맡으면 될까. 첫 번째로 관리직이다. 앞서 여러 차례 이야기했듯, 서비스 업무 전반에 대해 파악하고 있는 사람은 의지와 자아를 가지고, 또 책임을 진 상태에서 업무를 통제하지 않으면 안 되는데, 이 영역은 AI로 대체 가능한 영역이 아니다. 따라서 이런 일엔 적잖은 인력이 필요하다.

또 다른 점이 있는데, 고객에게 감성으로 접근하는 것은 인간이 아니면 하기 어려운 일이다. 기계가 인간에게 완전한 감성 서비스를 제공하려면 적어도 5~6차 산업혁명 이후의 흐름이 될 것이다. 고객이 '초등학교에 입학할 아들을 위해 계좌를 개설하러 왔다'고 이야기하면, 계좌 개설 방법은 로봇이나 AI 프로그램이 알려 줄 수 있고, 인터넷 뱅킹을 통해서도 할 수 있다.

하지만 현재로선 인간 직원만이 은행을 찾아온 고객 한 명 한 명의 상황과 감정을 파악해 맞춤형 서비스를 할 수 있다. 이런 서비스는 특히 VIP 고객들에게 대단히 주요하다.

VIP 고객 한 사람이 가지고 올 수 있는 이익이 일반 고객 수십, 수백 명에 달할 수 있다는 점을 고려할 때, 이런 서비스는 앞으로 도리어 더 늘어날 수 있다. 현재 여러분이 금융권 등에 종사하고 있다면, 이런 맞춤형 서비스 부서의 전망이 높다는 것을 살짝 귀띔 해 드리고 싶다.

꼭 은행뿐이 아니다. 영업이나 서비스직의 고충은 각종 데이터를 처리하는 데 시간이 적잖이 걸린다는 점이다. 고객이나 거래처 중요 관계자의 리스트를 관리해야 하고, 고객의 취향, 생일 등 다양한 정보를 취합해 기록해 두어야 한다. 이런 데이터 처리도 AI가 도입된 전용 애플리케이션을 도입해 도움을 받고, 직원들은 업무 전체를 스케줄링하는 한편, 중요 고객과의 감성 교류에 더 집중하는 편이 유리하다.

또 서비스직이면서 전문적인 손재주가 필요한 일, 예를 들어 미용사나 마사지사, 세차 전문가, 수리 전문가 등의 경우는 AI로 업무를 대체하기 상당히 어려운 분야라 상대적으로 경쟁력이 있다고 볼 수 있다.

이런 경우 복잡한 데이터 처리 업무를 AI에게 맡긴다면 고객과의 감성 교류에 집중할 수 있고, 본래의 업무에 훨씬 더 집중할 수 있어 한층 더 경쟁력이 늘어날 것이다.

다만 비교적 단순한 기술을 바탕으로 서비스가 이뤄지는 일부 직군의 경우 현시점에서 도태를 피하기 어려울 것으로 여겨진다.

예를 들어 택시기사의 경우 서비스직이면서, '운전 기술'을 제공하는 기술직으로 보아도 무리가 없을 것이다. 한 가지 알아 두어야 할 점은, 이 같은 일부 기술직은 AI+로봇 기술로 업무 대부분을 대체할 수 있는 직군으로 구분되며, 이 경우 도태가 불가피하다. 택시 운전기사 등은 머지않은 미래에 AI 로봇 택시로 교체되는 것은 이미 기정사실이다. 실제 사례도 있으며 앞으로 점점 늘어날 것으로 보인다.

미국 샌프란시스코에선 2023년 8월 세계에서 처음으로 24시간 자율주행 무인 택시를 허용하고 상용 운행을 허용했다. 운전기사가 없는 택시가 승객을 태우고 돌아다니는 것이다.

이런 직종의 경우 점진적으로 일자리 수가 줄어갈 것으로 예상하므로, 현재 관련 직무에 근무하는 사람들은 미래에 대비해 이직을 포함한 다양한 대응책을 강구하여야 한다.

물론 그렇다고 운전과 관련된 모든 직업이 사라질 것이라고 생각되지는 않는다. 앞서 인력거 사례에서 보듯, 운전기술을 바탕으로 서비스업을 계속하고 싶다면, AI로 대체할 수 없는 또 다른 가치를 찾으면 되며, 그 방법은 무궁무진하다고 할 수 있다. 관건은 사람만이 할 수 있는 가치를 찾고, AI로 효율을 높이고 싶은 분야는 과감하게 전략적으로 AI를 적용하는 것이다.

제조업·기술직: 단순 작업은 AI, 손재주 필요한 일은 인간에게 맡긴다

제조업 분야에서 가장 두드러진 특징은 아마도 '협동로봇'의 등장일 것이다. AI를 도입한 로봇이 인간이 그간 일하던 영역에서 함께 일하기 시작했다. 이런 로봇의 등장으로 '공장에서 사람의 역할이 점점 필요 없어지는 것 아니냐'는 우려를 낳기도 한다.

그러나 앞서 이야기했듯 복잡한 손재주가 필요한 작업은 아직도 로봇이 인간을 따라잡기 어렵다. 제조업 분야에서 이런 일은 의외로 많다. 제조업에 종사하는 사람은 도리어 협동로봇을 적극적으로 도입하여야 한다. 그래서 전문가들이 단순 작업에 시간과 노력을 버리는 일을 최대한 덜어 주어야 한다.

예를 들어 빵을 굽는 일이 있다고 하자. 이 빵을 굽는 일은 물론 전문가들이 아주 잘하겠지만, 어느 정도 일이 익숙해지면 단순한 작업의 반복이 된다. 그럴 경우 제빵 전문가의 시간과 노력을 단순히 빵 굽는 작업에 허비하는 격이 된다. 이럴 경우는 지금까지 둘 중 하나였다. 장인의 손재주는 포기하고, 대형 공장 시설을 만들어 맛의 일부를 포기한 대량생산 시스템 체제를 채택하거나, 맛을 유지한 채 소규모 생산을 이어 가는 식이다.

이 과정에서 단기 파트타이머 등 사람의 도움을 받아 생산량을 최대화할 수는 있지만 한계가 있다. AI가 보편화 된 사회라면 어떤 해결책을 찾으면 될까. 빵 굽는 손재주를 협동로봇에게 학습시키고, 전문가는 제빵 과정 전반을 통제하는 방안이 유력하다. 손재주가 뛰어난 인간 장인은 맛의 표준을 만들고 지키는 데 관여하면 충분하다. 단기 파트타이머를 관리하느라 회사의 주된 자산이라고 할 수 있는 전문가들을 우대하지 못하는 우를 범할 확률도 낮아진다.

단순 작업을 'AI에게 맡긴다'는 말은 소프트웨어 개발자들에게도 유용하다. 혹자들은 AI는 컴퓨터 프로그래밍을 전혀 하지 못할 거라고 생각하는데, 챗GPT 등의 언어 특화 생성AI는, 인간의 언어뿐 아니라 컴퓨터 언어도 능수능란하게 구사한다. 이 말은 이른바 '코딩'도 완벽하게 할 수 있다는 말이다. 하지만 복잡한 시스템을 설계하고, 컴퓨터나 스마트폰 등에 쓰이는 앱의 기능 전체를 구상하고, 각각의 기능을 유기적으로 연결하도록 설계하는 일은 AI가 할 수 있는 영역 밖이다. 그러니 인간이 시킨 명령에 따라 단순한 기능에 대한 코딩을 수행하는 데 그친다.

예를 들어 컴퓨터 게임을 만든다고 가정할 때, '게임 속 주인공이 적이 발사한 총알에 맞았을 때 체력이 3%나 떨어지는 기능을 코드로 구현해 줘'라고 하면 그 부분에 대한 명령을 정말로 알아듣고 소스코드를 짜 준다. 하지만 전체 게임 시스템의 기본 프로그램에 대해 이해하고, 구성해 두는 것은 인간이 해 두지 않으면 결코 자기 의도대로 게임을 개발할 수 없게 된다. 따라서 인간 개발자들은 이런 부분에 대해 고민하고 구상하는 일을 맡아야 하고, 과거에 '코딩'을 하느라 밤을 새우던 업무는 AI를 최대한 활용하는 것이 유리하다.

이런 시스템은 기업문화적으로도 긍정적이다. AI와 로봇 시스템의 도입이 과노한 업무가 줄어들어 근무시간 내내 삭막하게 일을 반복하는 '감정노동'이 줄어드는 효과가 있다. 직원들 사이에 활력이 돌 수 있다는 의미다. 이런 점은 손재주가 필요한 장인들의 업무 효율을 높이는 효과도 기대할 수 있다. '근무 중 수다는 태만'이라는 사고방식은 20세기 이전의 낡은 고정관념이다. 제조업 현장에서 동료들과 감정을 더욱 많이 나눌 수 있는 환경을 조성하는 편이 유리하다는 주장을 하는 전문가들도 적지 않다. 서류에 쏟아붓는 데 쓰던 에너지를 사람을 관리하는 데 쏟을 수 있게 되는 셈이다.

사무 · 관리직–숫자 · 데이터 관리는 AI가, 인사관리는 인간에게 맡긴다

사무, 관리직의 특징 중 하나가 많은 양의 서류를 작성하는 데 많은 시간을 보낸다는 점이다. 서류 작성 그 자체도 문제지만, 서류 작성 과정에서 필요한 데이터를 취합하고 가공하고 정리하는 것이 사실 가장 큰 문제이다. 만약 이런 데이터 취합 과정이 생략된다면 서류를 만드는 일 자체는 그 시간의 3분의 1 이하로 줄어들 것이다.

'AI의 변화와 일하는 방법의 변화'라는 주제로 일본에서 활발하게 강연 활동을 하고 있는 후지노 다카노리 컨설턴트는 "이런 점에서 들여다보면 사무직군이야말로 AI와 협력하기 가장 좋은 분야"라고 단언하고 있다. AI 프로그램을 적절히 잘 활용하기만 하면 이런 데 이터를 취합, 가공하는 데 드는 수고를 크게 줄일 여지가 많기 때문이다. 퇴직자 정보를 관리하거나, 회사의 매출 규모나 연별 이익률 지표를 정리하고 도표로 뽑아내는 것 같은 일에 소모되던 시간과 노력은 결코 적지 않다.

이해하기 쉽도록 단편적인 예를 들어 보자. 고객 1000명의 인적 정보를 확인한 다음, 정해진 양식에 따라 모두 정리해서 보기 좋게 서류 양식으로 만드는 일이 당신에게 주어졌다고 생각해 보자. 가장 먼저 해야 할 일은 고객 100명에게 연락하는 일일 것이다. 당신은 여기서 어떻게 일을 해야 할까. 기존의 고객 명부를 확인하는 것부터 시작한다. 그리고 e메일이나 문자, 전화 등의 인적 정보 중 누락된 것은 무엇인지 확인하려 들 것이다. 한 사람 한 사람 연락을 시도해 접촉이 되는 대로 누락된 인적 정보를 확인하고, 그 정보를 문서에 정리해서 기록하려고 할 것이다.

그런데 받아 온 정보가 제각각이다. 어떤 사람은 전화번호를 010-1234-1234라는 형식으로 적는데, 어떤 사람은 (010)1234-1234로 적는다. 010.1234.1234로 적는 사람, 010_1234_1234로 적는 사람 등 전부 다 제각각이다. 심지어 어떤 사람은 010을 생략

하고 1234-1234만 적어 보내기도 해서 혼란을 가중시킨다. 이런 것을 1000개나 전부 수정하고 앉아 있자면 내가 지금 제대로 된 일을 하는 것인지, 숫자 장난을 하고 있는지 혼돈이 올 것이다.

AI라는 기술이 개발되기 전까지는 어쩔 수 없이 인간이 할 수밖에 없었던 일이기도 했다. 하지만 AI 툴을 동원하면 순식간에 전화번호 형식을 이용해 이런 숫자들을 한 번에 정리해 준다. 물론 이는 단편적인 사례이다. 하지만 사무직에서 이런 비효율적인 업무를 얼마나 자주 했는지를 생각해 보자. 사실상 거의 매일 이런 업무와 씨름해 왔다는 것도 사실이다.

이제는 이런 불합리한 일에 최대한 AI를 동원할 방법을 고민해야 한다. 다양한 사무용 AI 툴이 끝없이 쏟아져 나오고 있으며, 이는 인터넷 검색 몇 번을 통해 충분히 확인하고 적용할 수 있는 성격의 것들이다. 적은 수고를 통해 업무 전체 효율을 높일 수 있는 방법이 있다면 십분 활용할 생각을 하여야 한다. 인간은 그 밖에 다양한 분야에서 창의적으로 일할 생각을 하여야 한다.

챗GPT 등의 언어 생성 AI의 활약은 서류 작업 시간 그 자체도 줄여 준다. 글쓰기 전문가라면 그리 부담을 느끼지 않을 수 있지만 대부분의 직장인들은 글쓰기에 대단히 큰 부담을 느낀다. 이처럼 글쓰기 작업이 익숙하지 않은 사람이라면 필요한 데이터를 모두 제공한 다음, '보고서 형태로 정리해 줘'라는 명령어 한마디만으로도 제법 그럴싸하게 정리된 서류를 순식간에 받아 볼 수 있다.

이 서류를 수정, 가공한다면 문서 작성에 드는 시간은 다시 절반 이하로 줄어들 것이다. 여기서 주의해야 할 점은 반드시 정확한 데이터를 모두 제공해야 한다는 점이다. 누차 강조했듯 AI는 실수하는 존재이다. 특히 언어 생성 AI는 이 오류가 자주 보고되고 있다. 데이터가 정확하지 않은 상태에서 언어 생성을 요구하면 필요한 데이터를 확률에 따라 강제 생성하게 되면서, 잘못된 정보를 보여주는 오류를 일으킬 수 있다. AI를 이용해 작업한 내용은 인간이 반드시 확인하는 것이 기본이다.

그렇다면 이렇게 줄어드는 업무량만큼 직원 수가 줄어드는 것일까. 여기에 대해서는 갑론을박이 있을 수 있지만, 실제로는 그렇지 않을 가능성이 크다고 개인적으로 강하게 주장하고 있다. 그동안 충분히 신경 쓰지 못했던 인사관리 부분에 더 많은 시간을 할애할 수 있기 때문이다. 직원 면담에 충분한 시간을 할애한다거나, 직원 식당의 메뉴를 점검한다거나 하는 식으로, 사내 HR 관리를 위해 여러 가지 일을 기획하고 시행하는 데 집중할 수 있게 된다.

관리자라면 부하 직원의 업무 진행을 확인하는 데 더 많은 관심을 쏟을 여지가 생긴다. 이런 상황에서 '감원'을 선택하는 악덕 사장도 세상에는 물론 존재할 것이지만, 사회 전체적으로 볼 때 일자리 감소로 이어질 가능성은 대단히 낮다고 할 수 있다.

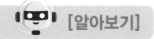

[알아보기] 미래의 AI 기술, 어떻게 발전해 나갈까

지금까지 알아본 대로 AI의 중요성은 아무리 강조해도 지나치지 않다. 몇 년 전만 해도 AI의 유용성을 놓고 반신반의하는 경우가 많았지만, 지금은 AI가 과거 인터넷이 처음 등장했을 때 이상의 파급력을 가지고 올 것이라는 데 이의를 제기하는 사람은 그리 많지 않다.

AI는 지속적으로 발전하고 있다. AI는 '이런 것'이라는 기본적 사실을 알고 있는 것은 대단히 중요하지만, 그것만으로 그쳐서는 부족한 감이 크다. 앞으로 AI가 어떻게 발전해 나갈 것인가, 그 사실을 알아보는 것은 미래를 살아갈 직장인으로서 반드시 필요한 일이다.

AI는 컴퓨터 연산속도가 급속도로 발전하며 그 쓸모를 인정받기 시작했지만 이론 자체는 1960~70년대 제시된 것들이 대부분이다. 이에 현재 AI의 성능을 한층 더 높일 수 있는 차세대 AI 기술 개발과 선점에 전 세계 연구진이 사활을 걸고 있다.

2023년 현재 AI 연구자들의 최대 화두는 '차세대 AI'이다. 현재의 AI가 쓸 만한 것이긴 하지만 여전히 개선은 필요하기 때문인데, 앞서서 이야기한 대로 실제 인간의 지능에 비하면 장단점이 적지 않다. 장점은 더 강화하고, 약점은 보완해 조금이라도 더 쓸 만한 AI를 만들려는 것은 모든 과학기술계가 기대하고, 또 노력하고 있는 우리의 과제인 셈이다.

● AI의 학습 능력, 지금보다 더 높아진다

과거로 돌아가 보자. 1991년, 당시 금성사(현 LG전자)는 '인공지능 금성 OK세탁기'를 판매하기 시작했는데, 한국 최초로 '인공지능'이라는 수식어가 붙은 제품으로 꼽힌다. 사실 현대 기준에 이 세탁기를 AI가 있다고 이해하기는 어렵다. 그저 컴퓨터 프로그래밍(코딩)을 이용해 작업 순서를 컴퓨터가 자동으로 선택하도록 만든 것에 불과했다.

프로그래머가 모든 변수를 예측해 컴퓨터(혹은 그런 프로그램을 설치한 로봇)가 어떻게 동작해야 하는지를 하나하나 모두 정해 주는 방식이었다. 즉 기계가 실제로 판단을 하기보다 어떤 조건에서 어떻게 움직여야 하는지를 미리 사람이 가르쳐 준 대로 움직인다. 공장 자동화 시스템, 가전기기 등 전자제품 등이 대부분 이런 식으로 개발된다. 엄밀하게 이야기하자면 '기호주의 AI'의 일환이다. 정해 준 환경에서 정해진 순서대로 일할 때는 지능이 있는 것처럼 보이지만 그 밖의 일은 전혀 할 수 없다.

LG전자는 지금도 'AI DD 세탁기'를 팔고 있다. 하지만 그 원리는 전혀 딴판이다. '연결주의 AI'를 도입해 학습한 결과에 따라 최적의 세탁 코스를 스스로 판단한다. 비슷한 사례는 이미 여럿 알려져 있다. 바둑 내국용 프로그램 알파고, 의료용 처방 프로그램 '닥터 왓슨' 등이 대표적 사례다. 컴퓨터 프로그램에 학습 기능을 부여하는 방법으로 대량의 데이터를 습득한 컴퓨터 프로그램이 인간의 직관과 비슷한 판단을 하는 것이 가능해졌다.

그러나 현재로서는 이 방법도 단점을 안고 있다. 인간처럼 직관적 판단을 하기 위해선 많은 데이터가 필요하고 AI가 데이터를 통합해 내린 결정을 설명하기 어렵다. 간혹 엉뚱한 결론을 내리기도 하고 엄청난 연산이 필요해 처리 속도도 느린 편이다. 세계 각국이 경쟁적으로 차세대 AI 기법 개발에 뛰어든 이유다.

그렇다면 미래에는 어떤 AI가 등장하게 될까. 현재의 AI는 필요한 데이터를 사람이 답과 함께 알려 주는 '지도 학습', 문제만을 알려 주고 공통점을 도출하도록 요구하는 '비지도 학습', 스스로 시행착오를 반복하며 데이터를 쌓아 가는 '강화 학습' 정도가 가능한데, 차세대 AI의 경우는 이런 학습 방법이 한층 확대된다.

대표적인 것은 사전에 확보된 데이터에 의해 스스로 규칙을 만들고 검증·보완하는 '자기 지도 학습', 학습 방법을 스스로 찾아내는 '메타 학습' 등이 잘 알려져 있다. 또 인간만이 가능하다고 알려진 '추론' 능력을 부여하는 노력도 있다. 학습 결과를 기반으로 결론을 내리는 '지식 기반 추론', 미리 알고 있는 기본적 지식을 바탕으로 추론하여 보편적 판단을 하는 '상식 기반 추론' 등의 능력을 AI에 부여하겠다는 것이다.

여기에 더해 AI의 학습 과정을 평가하고 진단해 부족하다고 판단되는 부분을 개선하는 기술, AI가 자동으로 새로운 데이터를 학습하고 지속적으로 축적하도록 하는 기술도 연구되고 있다. AI와 인간이 활용하기 쉽도록 신뢰성이 뛰어난 AI, 소통 기능이 한층 더 뛰어난 대화형 AI 등의 기술도 연구 중이다. 이렇게 될 경우 데이터에 의해 무조건적인 학습을 하고, 그에 따라 가끔 아주 엉뚱한 판단을 하는 AI의 단점을 크게 개선할 수 있게 된다.

또 다른 장점은 컴퓨터 시스템의 부담이 줄어든다는 것이다. 바둑 프로그램 알파고를 예로 보자. 알파고는 사람과 바둑을 두기 위해 둘 중 한 가지 방법으로 학습해야 한다. 수없이 많은 기보를 사람이 입력해 주는 지도 학습이나 스스로 바둑을 두어 가며 실력을 높이는 강화 학습이다.

둘 다 어마어마하게 많은 데이터 양이 필요해 방대한 컴퓨터 자원이 필요하다. 슈퍼컴퓨터 분량의 컴퓨터 자원을, 바둑 한 판을 두기 위해 동원하는 셈이다. 그러니 위와 같은 차세대 학습 능력과 추론 능력이 주어지면 훨씬 더 적은 데이터 양으로 인간과 비슷한 추론이 가능해진다. 인간 수준의 판단력을 얻기 위해 과거만큼 대량의 학습 데이터가 필요 없게 되면서 컴퓨터 시스템에 걸리는 부담도 한층 더 줄어들 것으로 기대되고 있다.

● 미래형 저전력+뇌 신경 칩으로 AI 효율 더욱 더 높인다

인공지능(AI) 개발자들의 가장 큰 고민은 아마도 '전력' 문제일 것이다. 인간의 뇌에 필요한 에너지를 전력으로 환산하면 1시간에 20W(와트) 정도다. 이세돌 9단과 바둑을 두었던 '알파고 리' 버전은 시간당 56kW의 전력을 사용하는 것으로 알려졌다. 단순히 비교해도 인간의 뇌가 2800배가량 효율이 좋다. 이 말은 인간의 뇌 구조를 닮은 컴퓨터 시스템을 만들면 효율을 큰 폭으로 올릴 수 있다는 뜻이다. 차세대 AI 연구는 이 같은 소프트웨어 개발과 함께 하드웨어, 즉 컴퓨터의 구조 자체를 AI에 더 적합하게 개발하려는 노력도 이어지고 있다.

현재 AI는 컴퓨터에서 돌아가는 소프트웨어(SW)다. 그러니 컴퓨터 성능이 큰 영향을 미친다. 따라서 AI 성능을 높이는 가장 간단한 방법은 압도적인 컴퓨터 자원을 동원하는 것이다. 연산 속도가 빨라지는 만큼 성능도 확실히 높아진다. 하지만 이 방법만으로는 한계가 있다. 슈퍼컴퓨터급 자원을 활용할 수 없는 사람이라면 제대로 된 AI를 활용하기 어렵게 된다. 사람들이 흔히 사용하는 스마트폰, 가전제품 등에 포함된 AI가 기대만큼 똑똑하지 못한 것은 이런 한계 때문이기도 하다.

그렇다면 인간의 두뇌 원리를 컴퓨터 시스템에 적용한다면 전기를 적게 소모하면서도 효율은 뛰어난 시스템을 만들 수 있지 않을까. 꼭 닮았다고 보긴 어렵지만 실제로 비슷한 사례가 있다. 소프트웨어를 통해 무조건 모든 일을 처리하는 것이 아니라, 필요한 기능을 컴퓨터 회로를 설계하면서 미리 기계적으로 구현해, 원하는 작업을 할 때 효율을 한층 더 끌어올리는 기술이다.

대표적인 사례로 DSP(Digital Signal Processor)라는 것을 꼽을 수 있다. 가장 간단한 예를 들어 구형 컴퓨터 프로세서는 기본적으로 덧셈밖에 할 수 없었다. 곱셈을 하기 위해서는 덧셈을 연속해서 처리한다. 2×365를 계산하라고 하면 2+2를 365번 반복해야 한다. 이렇게 하면 여러 번 계산을 반복해야 하므로 연산 장치에 부하가 늘어나고 시간도 오래 걸린다.

이 문제를 해결하기 위해 컴퓨터 연산 장치를 설계할 때부터 아예 한 번에 곱셈 기능을 할 수 있는 부분을 설계해서 집어넣는다. 이 개념을 더 확장해서 음악을 전문으로 처리하는 과정, 이미지를 전문으로 처리하는 과정에서 최적의 효율을 낼 수 있도록 별도로 설계된 부분을 컴퓨터 칩셋을 만들 때 처음부터 집어넣어 주는 식이다. 이와 비슷하게 AI 명령어를 처리하는 데 최적의 효율을 내는 칩셋을 별도로 개발하는 것이다. 이 과정에서 사용되는 컴퓨터 칩(CPU)의 내부 구조를 동물의 뇌 신경세포 동작 원리를 흉내 내는 것으로 하는 것이 가장 적합하다. 즉 '뇌 신경 모사칩' 형태로 만드는 것이다.

뇌 신경 모사칩 개발의 대표적인 뇌 신경 모사칩 개발의 대표적인 사례로는 CPU 전문 기업 '인텔'이 꼽힌다. 인텔은 3년 전 '로이히'라는 실험용 뇌 신경 모사칩을 발표한 바 있는데, 뇌 신경세포(뉴런)를 흉내 낸 13만 개의 전자회로로 구성되어 있었다. 이 시스템에 사람이 손으로 쓴 숫자를 알아보는 AI 프로그램을 설치한 결과 약 100만 배 높은 학습률을 자랑했다. 지난 10월 인텔은 이보다 성능이 더 뛰어난 2세대 모델을 선보였는데, 한 개의 칩당 최대 100만 개의 뉴런을 설치해 1세대 로이히에 비해 최대 10배 이상의 성능을 낸다. 이런 기술이 보편화 된다면 우리가 사용할 AI의 성능도 한층 더 높아질 것이다.

●반도체 방식 벗어난 차세대 시스템 등장도 예상

뇌 신경 모사칩이 비록 쓸 만한 것이지만 궁극의 시스템이라고 이야기하긴 어렵다. 사람의 뇌 구조를 본뜬 반도체 회로를 구성하려면 적잖은 수의 반도체 칩이 필요해 저전력을 만드는 데 한계가 따르기 때문이다. AI 성능을 현재보다 훨씬 높은 수준으로 끌어올리는 데는 유용하지만 시스템 크기를 아주 작게 만들긴 어렵다는 의미다.

현재 우리가 사용하는 스마트폰의 AI는 배터리가 전력을 충당하기 어려우므로 간단한 기능 이외에는 활용하기 어렵다. 필요할 경우 먼 거리에 있는 중앙 컴퓨터(서버)까지 명령어를 보낸 다음 처리해서 답을 알려 준다. 직접 수행하도록 만든다. 그런데 서버 시스템은 많게는 수십만, 수백만 명의 명령을 동시에 처리해야 하고, 그 정보를 다시 스마트폰까지 보내 줘야 한다. 재빠른 대응이 어렵게 된다. 즉 현재 방법으로는 스스로 판단해 장애물을 피해 가는 AI 자동차, 진짜 비서 같은 AI 스마트폰 등을 개발하는 데 무리가 따른다. 스마트폰 프로세서는 최대 사용 전력이 많아도 3W 정도. 고성능 AI 반도체의 전력 사용량을 이 이하로 줄여야 실용화 가능성이 생긴다.

이 때문에 압도적 성능의, 완전한 신 개념의 새로운 '소자'를 개발하고, 이를 AI 개발에 적용하려는 움직임도 있다. 실용화까지 시간은 걸리겠지만 AI 성능을 근본적으로 개선할 방법으로 꼽힌다. 예를 들어 '스커미온'이라는 것이 유력한 후보로 꼽히는데, 원자 주위를 도는 '전자'의 양자역학적 움직임을 이야기한다. 이를 컴퓨터의 기본 소자로 삼아 AI의 성능을 극한으로 끌어 올리자는 것이다.

국내에서는 한국표준과학연구원이 2021년 스커미온을 컴퓨터 기본 소자로 이용하는 방법을 개발하는 데 성공한 바 있으며, 한국과학기술연구원(KIST)도 2020년 스커미온 소자 관련 핵심 기술을 개발한 바 있다. 이런 기술이 상용화될 경우 반도체 소자 크기는

1000분의 1, 사용전력은 100분의 1까지 줄일 수 있다. 여기에 뉴로 모픽 구조까지 더하게 되면 AI 연산 과정에서 소모 전력은 상상할 수 없는 수준으로 낮아지게 된다. 아직은 이론일 뿐인 이야기이지 만 이런 소자를 활용해 뇌신경 모사칩 등을 만들 수 있게 되면 AI 의 성능은 현재 인류가 상상할 수 있는 수준을 아득히 넘어서게 될 것이다.